TADZJIEKS

WOORDENSCHAT

THEMATISCHE WOORDENLIJST

NEDERLANDS
TADZJIEKS

De meest bruikbare woorden
Om uw woordenschat uit te breiden en
uw taalvaardigheid aan te scherpen

3000 woorden

Thematische woordenschat Nederlands-Tadzjieks - 3000 woorden

Door Andrey Taranov

Woordenlijsten van T&P Books zijn bedoeld om u woorden van een vreemde taal te helpen leren, onthouden, en bestudering. Dit woordenboek is ingedeeld in thema's en behandelt alle belangrijk terreinen van het dagelijkse leven, bedrijven, wetenschap, cultuur, etc.

Het proces van het leren van woorden met behulp van de op thema's gebaseerde aanpak van T&P Books biedt u de volgende voordelen:

- Correct gegroepeerde informatie is bepalend voor succes bij opeenvolgende stadia van het leren van woorden
- De beschikbaarheid van woorden die van dezelfde stam zijn maakt het mogelijk om woordgroepen te onthouden (in plaats van losse woorden)
- Kleine groepen van woorden faciliteren het proces van het aanmaken van associatieve verbindingen, die nodig zijn bij het consolideren van de woordenschat
- Het niveau van talenkennis kan worden ingeschat door het aantal geleerde woorden

T&P Books Publishing
www.tpbooks.com

ISBN: 978-1-78492-392-1

Dit boek is ook beschikbaar in e-boek formaat.
Gelieve www.tpbooks.com te bezoeken of de belangrijkste online boekwinkels.

TADZJIEKSE WOORDENSCHAT
nieuwe woorden leren

T&P Books woordenlijsten zijn bedoeld om u te helpen vreemde woorden te leren, te onthouden, en te bestuderen. De woordenschat bevat meer dan 3000 veel gebruikte woorden die thematisch geordend zijn.

* De woordenlijst bevat de meest gebruikte woorden
* Aanbevolen als aanvulling bij welke taalcursus dan ook
* Voldoet aan de behoeften van de beginnende en gevorderde student in vreemde talen
* Geschikt voor dagelijks gebruik, bestudering en zelftestactiviteiten
* Maakt het mogelijk om uw woordenschat te evalueren

Bijzondere kenmerken van de woordenschat

* De woorden zijn gerangschikt naar hun betekenis, niet volgens alfabet
* De woorden worden weergegeven in drie kolommen om bestudering en zelftesten te vergemakkelijken
* Woorden in groepen worden verdeeld in kleine blokken om het leerproces te vergemakkelijken
* De woordenschat biedt een handige en eenvoudige beschrijving van elk buitenlands woord

De woordenschat bevat 101 onderwerpen zoals:

Basisconcepten, getallen, kleuren, maanden, seizoenen, meeteenheden, kleding en accessoires, eten & voeding, restaurant, familieleden, verwanten, karakter, gevoelens, emoties, ziekten, stad, dorp, bezienswaardigheden, winkelen, geld, huis, thuis, kantoor, werken op kantoor, import & export, marketing, werk zoeken, sport, onderwijs, computer, internet, gereedschap, natuur, landen, nationaliteiten en meer ...

INHOUDSOPGAVE

UITSPRAAKGIDS

Letter	Tadzjieks voorbeeld	T&P fonetisch alfabet	Nederlands voorbeeld
A a	Раҳмат!	[a]	acht
Б б	бесоҳиб	[b]	hebben
В в	вафодорй	[v]	beloven, schrijven
Г г	гулмохӣ	[g]	goal, tango
Ғ ғ	мурғобӣ	[ʁ]	gutturale R
Д д	мадд	[d]	Dank u, honderd
Е е	телескоп	[e:]	twee, ongeveer
Ё ё	сайёра	[jɔ]	New York, jongen
Ж ж	аждаҳо	[ʒ]	journalist, rouge
З з	сӯзанда	[z]	zeven, zesde
И и	шифт	[i]	bidden, tint
Ӣ ӣ	обчакорй	[i:]	team, portier
Й й	ҳайкал	[j]	New York, januari
К к	коргардон	[k]	kennen, kleur
Қ қ	нуқта	[q]	kennen, kleur
Л л	пилла	[l]	delen, luchter
М м	мусиқачй	[m]	morgen, etmaal
Н н	нонвой	[n]	nemen, zonder
О о	посбон	[o:]	rood, knoop
П п	папка	[p]	parallel, koper
Р р	чароғак	[r]	roepen, breken
С с	суръат	[s]	spreken, kosten
Т т	тарқиш	[t]	tomaat, taart
У у	мухаррик	[u]	hoed, doe
Ӯ ӯ	кӯшк	[œ]	Duits - 'Hölle'
Ф ф	фурӯш	[f]	feestdag, informeren
Х х	хушксолй	[x]	licht, school
Ҳ ҳ	чарогоҳ	[h]	het, herhalen
Ч ч	чароғ	[tʃ]	Tsjechië, cello
Ҷ ҷ	ҷанҷол	[dʒ]	jeans, jungle
Ш ш	нашриёт	[ʃ]	shampoo, machine
Ъ ъ [1]	таърихдон	[:], [ˈ]	zonder klank
Э э	эҳтимолй	[ɛ]	elf, zwembad
Ю ю	юнонй	[ju]	jullie, aquarium
Я я	яхбурча	[ja]	signaal, Spanjaard

Opmerkingen

[1] [:] - Verlengt de voorgaande klinker; ['] - na medeklinkers wordt gebruikt als een "harde teken"

AFKORTINGEN
gebruikt in de woordenschat

Nederlandse afkortingen

abn	-	als bijvoeglijk naamwoord
bijv.	-	bijvoorbeeld
bn	-	bijvoeglijk naamwoord
bw	-	bijwoord
enk.	-	enkelvoud
enz.	-	enzovoort
form.	-	formele taal
inform.	-	informele taal
mann.	-	mannelijk
mil.	-	militair
mv.	-	meervoud
on.ww.	-	onovergankelijk werkwoord
ontelb.	-	ontelbaar
ov.	-	over
ov.ww.	-	overgankelijk werkwoord
telb.	-	telbaar
vn	-	voornaamwoord
vrouw.	-	vrouwelijk
vw	-	voegwoord
vz	-	voorzetsel
wisk.	-	wiskunde
ww	-	werkwoord

Nederlandse artikelen

de	-	gemeenschappelijk geslacht
de/het	-	gemeenschappelijk geslacht, onzijdig
het	-	onzijdig

BASISBEGRIPPEN

1. Voornaamwoorden

ik	ман	[man]
jij, je	ту	[tu]
hij	ӯ, вай	[œ], [vaj]
zij, ze	ӯ, вай	[œ], [vaj]
het	он	[on]
wij, we	мо	[mo]
jullie	шумо	[ʃumo]
U (form., enk.)	Шумо	[ʃumo]
U (form., mv.)	Шумо	[ʃumo]
zij, ze (levenloos)	онон	[onon]
zij, ze (levend)	онҳо, вайҳо	[onho], [vajho]

2. Begroetingen. Begroetingen

Hallo! Dag!	Салом!	[salom]
Hallo!	Ассалом!	[assalom]
Goedemorgen!	Субҳатон ба хайр!	[subhaton ba χajr]
Goedemiddag!	Рӯз ба хайр!	[rœz ba χajr]
Goedenavond!	Шом ба хайр!	[ʃom ba χajr]
gedag zeggen (groeten)	саломалейк кардан	[salomalejk kardan]
Hoi!	Ассалом! Салом!	[assalom salom]
groeten (het)	вохӯрдй	[voχœrdi:]
verwelkomen (ww)	вохӯрдй кардан	[voχœrdi: kardan]
Hoe gaat het met u?	Корхоятон чй хел?	[korhojaton tʃi: χel]
Hoe is het?	Корхоят чй хел?	[korhojat tʃi: χel]
Is er nog nieuws?	Чй навигарй?	[tʃi: navigari:]
Tot ziens! (form.)	То дидан!	[to didan]
Doei!	Хайр!	[χajr]
Tot snel! Tot ziens!	То вохӯрии наздик!	[to voχœri:i nazdik]
Vaarwel! (inform.)	Падруд!	[padrud]
Vaarwel! (form.)	Хайрбод! Падруд!	[χajrbod padrud]
afscheid nemen (ww)	падруд гуфтан	[padrud guftan]
Tot kijk!	Хайр!	[χajr]
Dank u!	Раҳмат!	[rahmat]
Dank u wel!	Бисёр раҳмат!	[bisjor rahmat]
Graag gedaan	Марҳамат!	[marhamat]
Geen dank!	Намеарзад	[namearzad]
Geen moeite.	Намеарзад	[namearzad]

Excuseer me, ... (inform.)	Бубахш!	[bubaχʃ]
Excuseer me, ... (form.)	Бубахшед!	[bubaχʃed]
excuseren (verontschuldigen)	афв кардан	[afv kardan]

zich verontschuldigen	узр пурсидан	[uzr pursidan]
Mijn excuses.	Маро бубахшед	[maro bubaχʃed]
Het spijt me!	Бубахшед!	[bubaχʃed]
vergeven (ww)	бахшидан	[baχʃidan]
Maakt niet uit!	Ҳеч гап не	[hetʃ gap ne]
alsjeblieft	илтимос	[iltimos]

Vergeet het niet!	Фаромӯш накунед!	[faromœʃ nakuned]
Natuurlijk!	Албатта!	[albatta]
Natuurlijk niet!	Албатта не!	[albatta ne]
Akkoord!	Розй!	[rozi:]
Zo is het genoeg!	Бас!	[bas]

3. Vragen

Wie?	Кй?	[ki:]
Wat?	Чй?	[tʃi:]
Waar?	Дар куҷо?	[dar kudʒo]
Waarheen?	Куҷо?	[kudʒo]
Waar ... vandaan?	Аз куҷо?	[az kudʒo]
Wanneer?	Кай?	[kaj]
Waarom?	Барои чй?	[baroi tʃi:]
Waarom?	Барои чй?	[baroi tʃi:]

Waarvoor dan ook?	Барои чй?	[baroi tʃi:]
Hoe?	Чй хел?	[tʃi: χel]
Wat voor ...?	Кадом?	[kadom]
Welk?	Чанд? Чандум?	[tʃand tʃandum]

Aan wie?	Ба кй?	[ba ki:]
Over wie?	Дар бораи кй?	[dar borai ki:]
Waarover?	Дар бораи чй?	[dar borai tʃi:]
Met wie?	Бо кй?	[bo ki:]

Hoeveel? (telb.)	Чанд-то?	[tʃand-to]
Hoeveel? (ontelb.)	Чй қадар?	[tʃi: qadar]
Van wie?	Аз они кй?	[az oni ki:]

4. Voorzetsels

met (bijv. ~ beleg)	бо, ҳамроҳи	[bo], [hamrohi]
zonder (~ accent)	бе	[be]
naar (in de richting van)	ба	[ba]
over (praten ~)	дар бораи	[dar borai]
voor (in tijd)	пеш аз	[peʃ az]
voor (aan de voorkant)	дар пеши	[dar peʃi]
onder (lager dan)	таги	[tagi]
boven (hoger dan)	дар болои	[dar boloi]

op (bovenop)	ба болои	[ba boloi]
van (uit, afkomstig van)	аз	[az]
van (gemaakt van)	аз	[az]

| over (bijv. ~ een uur) | баъд аз | [ba'd az] |
| over (over de bovenkant) | аз болои … | [az boloi] |

5. Functiewoorden. Bijwoorden. Deel 1

Waar?	Дар кучо?	[dar kuʤo]
hier (bw)	ин чо	[in ʤo]
daar (bw)	он чо	[on ʤo]

| ergens (bw) | дар кучое | [dar kuʤoe] |
| nergens (bw) | дар хеч чо | [dar heʤ ʤo] |

| bij … (in de buurt) | дар назди … | [dar nazdi] |
| bij het raam | дар назди тиреза | [dar nazdi tireza] |

Waarheen?	Кучо?	[kuʤo]
hierheen (bw)	ин чо	[in ʧo]
daarheen (bw)	ба он чо	[ba on ʤo]
hiervandaan (bw)	аз ин чо	[az in ʤo]
daarvandaan (bw)	аз он чо	[az on ʤo]

| dichtbij (bw) | наздик | [nazdik] |
| ver (bw) | дур | [dur] |

in de buurt (van …)	дар бари	[dar bari]
vlakbij (bw)	бисёр наздик	[bisjɔr nazdik]
niet ver (bw)	наздик	[nazdik]

linker (bn)	чап	[ʧap]
links (bw)	аз чап	[az ʧap]
linksaf, naar links (bw)	ба тарафи чап	[ba tarafi ʧap]

rechter (bn)	рост	[rost]
rechts (bw)	аз рост	[az rost]
rechtsaf, naar rechts (bw)	ба тарафи рост	[ba tarafi rost]

vooraan (bw)	аз пеш	[az peʃ]
voorste (bn)	пешин	[peʃin]
vooruit (bw)	ба пеш	[ba peʃ]

achter (bw)	дар қафои	[dar qafoi]
van achteren (bw)	аз қафо	[az qafo]
achteruit (naar achteren)	ақиб	[aqib]
midden (het)	миёна	[mijɔna]
in het midden (bw)	дар миёна	[dar mijɔna]

opzij (bw)	аз пахлу	[az pahlu]
overal (bw)	дар хар чо	[dar har ʤo]
omheen (bw)	гирду атроф	[girdu atrof]
binnenuit (bw)	аз дарун	[az darun]

naar ergens (bw)	ба ким-кучо	[ba kim-kuʤo]
rechtdoor (bw)	миёнбур карда	[mijɔnbur karda]
terug (bijv. ~ komen)	ба ақиб	[ba aqib]

ergens vandaan (bw)	аз ягон чо	[az jagon ʤo]
ergens vandaan (en dit geld moet ~ komen)	аз як чо	[az jak ʤo]

ten eerste (bw)	аввалан	[avvalan]
ten tweede (bw)	дуюм	[dujum]
ten derde (bw)	сеюм	[sejum]

plotseling (bw)	ногоҳ, баногоҳ	[nogoh], [banogoh]
in het begin (bw)	дар аввал	[dar avval]
voor de eerste keer (bw)	якумин	[jakumin]
lang voor ... (bw)	хеле пеш	[χele peʃ]
opnieuw (bw)	аз нав	[az nav]
voor eeuwig (bw)	тамоман	[tamoman]

nooit (bw)	ҳеҷ гоҳ	[heʤ goh]
weer (bw)	боз, аз дигар	[boz], [az digar]
nu (bw)	акнун	[aknun]
vaak (bw)	тез-тез	[tez-tez]
toen (bw)	он вақт	[on vaqt]
urgent (bw)	зуд, фавран	[zud], [favran]
meestal (bw)	одатан	[odatan]

trouwens, ... (tussen haakjes)	воқеан	[voqean]
mogelijk (bw)	шояд	[ʃojad]
waarschijnlijk (bw)	эҳтимол	[ɛhtimol]
misschien (bw)	эҳтимол, шояд	[ɛhtimol], [ʃojad]
trouwens (bw)	ғайр аз он	[ʁajr az on]
daarom ...	бинобар ин	[binobar in]
in weerwil van ...	ба ин нигоҳ накарда	[ba in nigoh nakarda]
dankzij ...	ба туфайли ...	[ba tufajli]

wat (vn)	чӣ	[ʧi:]
dat (vw)	ки	[ki]
iets (vn)	чизе	[ʧize]
iets	ягон чиз	[jagon ʧiz]
niets (vn)	ҳеҷ чиз	[heʤ ʧiz]

wie (~ is daar?)	кӣ	[ki:]
iemand (een onbekende)	ким-кӣ	[kim-ki:]
iemand (een bepaald persoon)	касе	[kase]

niemand (vn)	ҳеҷ кас	[heʤ kas]
nergens (bw)	ба ҳеҷ кучо	[ba heʤ kuʤo]
niemands (bn)	бесоҳиб	[besohib]
iemands (bn)	аз они касе	[az oni kase]

zo (Ik ben ~ blij)	чунон	[ʧunon]
ook (evenals)	ҳам	[ham]
alsook (eveneens)	низ, ҳам	[niz], [ham]

6. Functiewoorden. Bijwoorden. Deel 2

Waarom?	Барои чӣ?	[baroi ʧiː]
om een bepaalde reden	бо ким-кадом сабаб	[bo kim-kadom sabab]
omdat ...	зеро ки	[zero ki]
voor een bepaald doel	барои чизе	[baroi ʧize]
en (vw)	ва, ... у, ... ю	[va], [u], [ju]
of (vw)	ё	[jo]
maar (vw)	аммо, лекин	[ammo], [lekin]
voor (vz)	барои	[baroi]
te (~ veel mensen)	аз меъёр зиёд	[az me'jɔr zijɔd]
alleen (bw)	фақат	[faqat]
precies (bw)	айнан	[ajnan]
ongeveer (~ 10 kg)	тақрибан	[taqriban]
omstreeks (bw)	тақрибан	[taqriban]
bij benadering (bn)	тақрибӣ	[taqribiː]
bijna (bw)	қариб	[qarib]
rest (de)	боқимонда	[boqimonda]
de andere (tweede)	дигар	[digar]
ander (bn)	дигар	[digar]
elk (bn)	ҳар	[har]
om het even welk	ҳар	[har]
veel (grote hoeveelheid)	бисёр, хеле	[bisjɔr], [xele]
veel mensen	бисёриҳо	[bisjoriho]
iedereen (alle personen)	ҳама	[hama]
in ruil voor ...	ба ивази	[ba ivazi]
in ruil (bw)	ба ивазаш	[ba ivazaʃ]
met de hand (bw)	дастӣ	[dastiː]
onwaarschijnlijk (bw)	ба гумон	[ba gumon]
waarschijnlijk (bw)	эҳтимол, шояд	[ɛhtimol], [ʃojad]
met opzet (bw)	барқасд	[barqasd]
toevallig (bw)	тасодуфан	[tasodufan]
zeer (bw)	хеле	[xele]
bijvoorbeeld (bw)	масалан, чунончи	[masalan], [ʧunonʧi]
tussen (~ twee steden)	дар байни	[dar bajni]
tussen (te midden van)	дар байни ...	[dar bajni]
zoveel (bw)	ин қадар	[in qadar]
vooral (bw)	хусусан	[xususan]

15

GETALLEN. DIVERSEN

7. Kardinale getallen. Deel 1

nul	сифр	[sifr]
een	як	[jak]
twee	ду	[du]
drie	се	[se]
vier	чор, чаҳор	[ʧor], [ʧahor]
vijf	панҷ	[panʤ]
zes	шаш	[ʃaʃ]
zeven	ҳафт	[haft]
acht	ҳашт	[haʃt]
negen	нуҳ	[nuh]
tien	даҳ	[dah]
elf	ёздаҳ	[jozdah]
twaalf	дувоздаҳ	[duvozdah]
dertien	сездаҳ	[sezdah]
veertien	чордаҳ	[ʧordah]
vijftien	понздаҳ	[ponzdah]
zestien	шонздаҳ	[ʃonzdah]
zeventien	ҳафдаҳ	[hafdah]
achttien	ҳаждаҳ	[haʒdah]
negentien	нуздаҳ	[nuzdah]
twintig	бист	[bist]
eenentwintig	бисту як	[bistu jak]
tweeëntwintig	бисту ду	[bistu du]
drieëntwintig	бисту се	[bistu se]
dertig	сӣ	[siː]
eenendertig	сию як	[siju jak]
tweeëndertig	сию ду	[siju du]
drieëndertig	сию се	[siju se]
veertig	чил	[ʧil]
eenenveertig	чилу як	[ʧilu jak]
tweeënveertig	чилу ду	[ʧilu du]
drieënveertig	чилу се	[ʧilu se]
vijftig	панҷоҳ	[panʤoh]
eenenvijftig	панҷоху як	[panʤohu jak]
tweeënvijftig	панҷоху ду	[panʤohu du]
drieënvijftig	панҷоху се	[panʤohu se]
zestig	шаст	[ʃast]
eenenzestig	шасту як	[ʃastu jak]

tweeënzestig	шасту ду	[ʃastu du]
drieënzestig	шасту се	[ʃastu se]
zeventig	ҳафтод	[haftod]
eenenzeventig	ҳафтоду як	[haftodu jak]
tweeënzeventig	ҳафтоду ду	[haftodu du]
drieënzeventig	ҳафтоду се	[haftodu se]
tachtig	ҳаштод	[haʃtod]
eenentachtig	ҳаштоду як	[haʃtodu jak]
tweeëntachtig	ҳаштоду ду	[haʃtodu du]
drieëntachtig	ҳаштоду се	[haʃtodu se]
negentig	навад	[navad]
eenennegentig	наваду як	[navadu jak]
tweeënnegentig	наваду ду	[navadu du]
drieënnegentig	наваду се	[navadu se]

8. Kardinale getallen. Deel 2

honderd	сад	[sad]
tweehonderd	дусад	[dusad]
driehonderd	сесад	[sesad]
vierhonderd	чорсад, чаҳорсад	[tʃorsad], [tʃahorsad]
vijfhonderd	панҷсад	[pandʒsad]
zeshonderd	шашсад	[ʃaʃsad]
zevenhonderd	ҳафтсад	[haftsad]
achthonderd	ҳаштсад	[haʃtsad]
negenhonderd	нӯҳсадум	[nœhsadum]
duizend	ҳазор	[hazor]
tweeduizend	ду ҳазор	[du hazor]
drieduizend	се ҳазор	[se hazor]
tienduizend	даҳ ҳазор	[dah hazor]
honderdduizend	сад ҳазор	[sad hazor]
miljoen (het)	миллион	[million]
miljard (het)	миллиард	[milliard]

9. Ordinale getallen

eerste (bn)	якум	[jakum]
tweede (bn)	дуюм	[dujum]
derde (bn)	сеюм	[sejum]
vierde (bn)	чорум	[tʃorum]
vijfde (bn)	панчум	[pandʒum]
zesde (bn)	шашум	[ʃaʃum]
zevende (bn)	ҳафтум	[haftum]
achtste (bn)	ҳаштум	[haʃtum]
negende (bn)	нӯҳум	[nœhum]
tiende (bn)	даҳӯм	[dahœm]

KLEUREN. MEETEENHEDEN

10. Kleuren

kleur (de)	ранг	[rang]
tint (de)	тобиш	[tobiʃ]
kleurnuance (de)	тобиш, лавн	[tobiʃ], [lavn]
regenboog (de)	рангинкамон	[ranginkamon]
wit (bn)	сафед	[safed]
zwart (bn)	сиёх	[sijɔh]
grijs (bn)	адкан	[adkan]
groen (bn)	сабз, кабуд	[sabz], [kabud]
geel (bn)	зард	[zard]
rood (bn)	сурх, арғувонӣ	[surχ], [arʁuvoni:]
blauw (bn)	кабуд	[kabud]
lichtblauw (bn)	осмонӣ	[osmoni:]
roze (bn)	гулобӣ	[gulobi:]
oranje (bn)	норанчӣ	[norandʒi:]
violet (bn)	бунафш	[bunafʃ]
bruin (bn)	қаҳвагӣ	[qahvagi:]
goud (bn)	тиллоранг	[tillorang]
zilverkleurig (bn)	нуқрафом	[nuqrafom]
beige (bn)	каҳваранг	[kahvarang]
roomkleurig (bn)	зардтоб	[zardtob]
turkoois (bn)	фирӯзаранг	[firœzarang]
kersrood (bn)	олуболугӣ	[olubolugi:]
lila (bn)	бунафш, нофармон	[bunafʃ], [nofarmon]
karmijnrood (bn)	сурхи сиехтоб	[surχi siehtob]
licht (bn)	кушод	[kuʃod]
donker (bn)	торик	[torik]
fel (bn)	тоза	[toza]
kleur-, kleurig (bn)	ранга	[ranga]
kleuren- (abn)	ранга	[ranga]
zwart-wit (bn)	сиёху сафед	[sijɔhu safed]
eenkleurig (bn)	якранга	[jakranga]
veelkleurig (bn)	рангоранг	[rangorang]

11. Meeteenheden

gewicht (het)	вазн	[vazn]
lengte (de)	дарозӣ	[darozi:]

breedte (de)	арз	[arz]
hoogte (de)	баландӣ	[balandi:]
diepte (de)	чуқурӣ	[ʧuquri:]
volume (het)	ҳаҷм	[hadʒm]
oppervlakte (de)	масоҳат	[masohat]

gram (het)	грам	[gram]
milligram (het)	миллиграмм	[milligramm]
kilogram (het)	килограмм	[kilogramm]
ton (duizend kilo)	тонна	[tonna]
pond (het)	қадоқ	[qadoq]
ons (het)	вақия	[vaqija]

meter (de)	метр	[metr]
millimeter (de)	миллиметр	[millimetr]
centimeter (de)	сантиметр	[santimetr]
kilometer (de)	километр	[kilometr]
mijl (de)	мил	[mil]

voet (de)	фут	[fut]
yard (de)	ярд	[jard]

vierkante meter (de)	метри квадратӣ	[metri kvadrati:]
hectare (de)	гектар	[gektar]

liter (de)	литр	[litr]
graad (de)	дараҷа	[daradʒa]
volt (de)	волт	[volt]
ampère (de)	ампер	[amper]
paardenkracht (de)	қуввай асп	[quvvai asp]

hoeveelheid (de)	миқдор	[miqdor]
een beetje ...	камтар	[kamtar]
helft (de)	нисф	[nisf]
stuk (het)	дона	[dona]

afmeting (de)	ҳаҷм	[hadʒm]
schaal (bijv. ~ van 1 op 50)	масштаб	[masʃtab]

minimaal (bn)	камтарин	[kamtarin]
minste (bn)	хурдтарин	[xurdtarin]
medium (bn)	миёна	[mijɔna]
maximaal (bn)	ниҳоят калон	[nihojat kalon]
grootste (bn)	калонтарин	[kalontarin]

12. Containers

glazen pot (de)	банкаи шишагӣ	[bankai ʃiʃagi:]
blik (conserven~)	банкаи тунукагӣ	[bankai tunukagi:]
emmer (de)	сатил	[satil]
ton (bijv. regenton)	бочка, чалак	[botʃka], [ʧalak]

ronde waterbak (de)	тағора	[taɣora]
tank (bijv. watertank-70-ltr)	бак, чалак	[bak], [ʧalak]

heupfles (de)	обдон	[obdon]
jerrycan (de)	канистра	[kanistra]
tank (bijv. ketelwagen)	систерна	[sisterna]
beker (de)	кружка, дӯлча	[kruʒka], [dœltʃa]
kopje (het)	косача	[kosatʃa]
schoteltje (het)	таксимӣ, таксимича	[taqsimi:], [taqsimitʃa]
glas (het)	стакан	[stakan]
wijnglas (het)	бокал	[bokal]
steelpan (de)	дегча	[degtʃa]
fles (de)	шиша, сурохӣ	[ʃiʃa], [surohi:]
flessenhals (de)	даҳани шиша	[dahani ʃiʃa]
karaf (de)	сурохӣ	[surohi:]
kruik (de)	кӯза	[kœza]
vat (het)	зарф	[zarf]
pot (de)	хурмача	[χurmatʃa]
vaas (de)	гулдон	[guldon]
flacon (de)	шиша	[ʃiʃa]
flesje (het)	хубобча	[hubobtʃa]
tube (bijv. ~ tandpasta)	лӯлача	[lœlatʃa]
zak (bijv. ~ aardappelen)	халта	[χalta]
tasje (het)	халта	[χalta]
pakje (~ sigaretten, enz.)	қуттӣ	[qutti:]
doos (de)	қуттӣ	[qutti:]
kist (de)	қуттӣ	[qutti:]
mand (de)	сабад	[sabad]

BELANGRIJKSTE WERKWOORDEN

13. De belangrijkste werkwoorden. Deel 1

aanbevelen (ww)	маслихат додан	[maslihat dodan]
aandringen (ww)	сахт истодан	[saχt istodan]
aankomen (per auto, enz.)	расидан	[rasidan]
aanraken (ww)	даст расондан	[dast rasondan]
adviseren (ww)	маслихат додан	[maslihat dodan]
afdalen (on.ww.)	фуромадан	[furomadan]
afslaan (naar rechts ~)	гардонидан	[gardonidan]
antwoorden (ww)	ҷавоб додан	[dʒavob dodan]
bang zijn (ww)	тарсидан	[tarsidan]
bedreigen (bijv. met een pistool)	дӯғ задан	[dœʁ zadan]
bedriegen (ww)	фирефтан	[fireftan]
beëindigen (ww)	тамом кардан	[tamom kardan]
beginnen (ww)	сар кардан	[sar kardan]
begrijpen (ww)	фаҳмидан	[fahmidan]
beheren (managen)	сардорӣ кардан	[sardori: kardan]
beledigen (met scheldwoorden)	таҳқир кардан	[tahqir kardan]
beloven (ww)	ваъда додан	[va'da dodan]
bereiden (koken)	пухтан	[puχtan]
bespreken (spreken over)	муҳокима кардан	[muhokima kardan]
bestellen (eten ~)	супоридан	[suporidan]
bestraffen (een stout kind ~)	ҷазо додан	[dʒazo dodan]
betalen (ww)	пул додан	[pul dodan]
betekenen (beduiden)	маъно доштан	[ma'no doʃtan]
betreuren (ww)	таассуф хӯрдан	[taassuf χœrdan]
bevallen (prettig vinden)	форидан	[foridan]
bevelen (mil.)	фармон додан	[farmon dodan]
bevrijden (stad, enz.)	озод кардан	[ozod kardan]
bewaren (ww)	нигоҳ доштан	[nigoh doʃtan]
bezitten (ww)	соҳиб будан	[sohib budan]
bidden (praten met God)	намоз хондан	[namoz χondan]
binnengaan (een kamer ~)	даромадан	[daromadan]
breken (ww)	шикастан	[ʃikastan]
controleren (ww)	назорат кардан	[nazorat kardan]
creëren (ww)	офаридан	[ofaridan]
deelnemen (ww)	иштирок кардан	[iʃtirok kardan]
denken (ww)	фикр кардан	[fikr kardan]
doden (ww)	куштан	[kuʃtan]

| doen (ww) | кардан | [kardan] |
| dorst hebben (ww) | об хостан | [ob χostan] |

14. De belangrijkste werkwoorden. Deel 2

een hint geven	луқма додан	[luqma dodan]
eisen (met klem vragen)	талаб кардан	[talab kardan]
excuseren (vergeven)	афв кардан	[afv kardan]
existeren (bestaan)	зиндагӣ кардан	[zindagi: kardan]
gaan (te voet)	рафтан	[raftan]

gaan zitten (ww)	нишастан	[niʃastan]
gaan zwemmen	оббозӣ кардан	[obbozi: kardan]
geven (ww)	додан	[dodan]
glimlachen (ww)	табассум кардан	[tabassum kardan]
goed raden (ww)	ёфтан	[jɔftan]

grappen maken (ww)	шӯхӣ кардан	[ʃœχi: kardan]
graven (ww)	кофтан	[koftan]
hebben (ww)	доштан	[doʃtan]
helpen (ww)	кумак кардан	[kumak kardan]
herhalen (opnieuw zeggen)	такрор кардан	[takror kardan]
honger hebben (ww)	хӯрок хостан	[χœrok χostan]

hopen (ww)	умед доштан	[umed doʃtan]
horen (waarnemen met het oor)	шунидан	[ʃunidan]
huilen (wenen)	гиря кардан	[girja kardan]
huren (huis, kamer)	ба иҷора гирифтан	[ba idʒora giriftan]
informeren (informatie geven)	ахборот додан	[aχborot dodan]
instemmen (akkoord gaan)	розигӣ додан	[rozigi: dodan]
jagen (ww)	шикор кардан	[ʃikor kardan]
kennen (kennis hebben van iemand)	донистан	[donistan]
kiezen (ww)	интихоб кардан	[intiχob kardan]
klagen (ww)	шикоят кардан	[ʃikojat kardan]

kosten (ww)	арзидан	[arzidan]
kunnen (ww)	тавонистан	[tavonistan]
lachen (ww)	хандидан	[χandidan]
laten vallen (ww)	афтондан	[aftondan]
lezen (ww)	хондан	[χondan]

liefhebben (ww)	дӯст доштан	[dœst doʃtan]
lunchen (ww)	хӯроки пешин хӯрдан	[χœroki peʃin χœrdan]
nemen (ww)	гирифтан	[giriftan]
nodig zijn (ww)	даркор будан	[darkor budan]

15. De belangrijkste werkwoorden. Deel 3

| onderschatten (ww) | хунукназарӣ кардан | [χunuknazari: kardan] |
| ondertekenen (ww) | имзо кардан | [imzo kardan] |

ontbijten (ww)	ноништа кардан	[noniʃta kardan]
openen (ww)	кушодан	[kuʃodan]
ophouden (ww)	бас кардан	[bas kardan]
opmerken (zien)	дида мондан	[dida mondan]
opscheppen (ww)	худситой кардан	[χudsitoi: kardan]
opschrijven (ww)	навиштан	[naviʃtan]
plannen (ww)	нақша кашидан	[naqʃa kaʃidan]
prefereren (verkiezen)	бехтар донистан	[beχtar donistan]
proberen (trachten)	озмоиш кардан	[ozmoiʃ kardan]
redden (ww)	начот додан	[nadʒot dodan]
rekenen op …	умед бастан	[umed bastan]
rennen (ww)	давидан	[davidan]
reserveren (een hotelkamer ~)	нигох доштан	[nigoh doʃtan]
roepen (om hulp)	чеғ задан	[dʒeʁ zadan]
schieten (ww)	тир задан	[tir zadan]
schreeuwen (ww)	дод задан	[dod zadan]
schrijven (ww)	навиштан	[naviʃtan]
souperen (ww)	хӯроки шом хӯрдан	[χœroki ʃom χœrdan]
spelen (kinderen)	бозй кардан	[bozi: kardan]
spreken (ww)	гап задан	[gap zadan]
stelen (ww)	дуздидан	[duzdidan]
stoppen (pauzeren)	истодан	[istodan]
studeren (Nederlands ~)	омӯхтан	[omœχtan]
sturen (zenden)	ирсол кардан	[irsol kardan]
tellen (optellen)	хисоб кардан	[hisob kardan]
toebehoren …	таалуқ доштан	[taaluq doʃtan]
toestaan (ww)	ичозат додан	[idʒozat dodan]
tonen (ww)	нишон додан	[niʃon dodan]
twijfelen (onzeker zijn)	шак доштан	[ʃak doʃtan]
uitgaan (ww)	баромадан	[baromadan]
uitnodigen (ww)	даъват кардан	[da'vat kardan]
uitspreken (ww)	талаффуз кардан	[talaffuz kardan]
uitvaren tegen (ww)	дашном додан	[daʃnom dodan]

16. De belangrijkste werkwoorden. Deel 4

vallen (ww)	афтодан	[aftodan]
vangen (ww)	доштан	[doʃtan]
veranderen (anders maken)	иваз кардан	[ivaz kardan]
verbaasd zijn (ww)	ба хайрат афтодан	[ba hajrat aftodan]
verbergen (ww)	пинхон кардан	[pinhon kardan]
verdedigen (je land ~)	мухофиза кардан	[muhofiza kardan]
verenigen (ww)	якчоя кардан	[jakdʒoja kardan]
vergelijken (ww)	муқоиса кардан	[muqoisa kardan]
vergeten (ww)	фаромӯш кардан	[faromœʃ kardan]
vergeven (ww)	бахшидан	[baχʃidan]
verklaren (uitleggen)	шарх додан	[ʃarh dodan]

verkopen (per stuk ~)	фурӯхтан	[furœχtan]
vermelden (praten over)	гуфта гузаштан	[gufta guzaʃtan]
versieren (decoreren)	оростан	[orostan]
vertalen (ww)	тарҷума кардан	[tardʒuma kardan]
vertrouwen (ww)	бовар кардан	[bovar kardan]
vervolgen (ww)	давомат кардан	[davomat kardan]
verwarren (met elkaar ~)	иштибоҳ кардан	[iʃtiboh kardan]
verzoeken (ww)	пурсидан	[pursidan]
verzuimen (school, enz.)	набудан	[nabudan]
vinden (ww)	ёфтан	[joftan]
vliegen (ww)	паридан	[paridan]
volgen (ww)	рафтан	[raftan]
voorstellen (ww)	таклиф кардан	[taklif kardan]
voorzien (verwachten)	пешбинӣ кардан	[peʃbini: kardan]
vragen (ww)	пурсидан	[pursidan]
waarnemen (ww)	назорат кардан	[nazorat kardan]
waarschuwen (ww)	танбеҳ додан	[tanbeh dodan]
wachten (ww)	поидан	[poidan]
weerspreken (ww)	зид баромадан	[zid baromadan]
weigeren (ww)	рад кардан	[rad kardan]
werken (ww)	кор кардан	[kor kardan]
weten (ww)	донистан	[donistan]
willen (verlangen)	хостан	[χostan]
zeggen (ww)	гуфтан	[guftan]
zich haasten (ww)	шитоб кардан	[ʃitob kardan]
zich interesseren voor …	ҳавас кардан	[havas kardan]
zich vergissen (ww)	хато кардан	[χato kardan]
zich verontschuldigen	узр пурсидан	[uzr pursidan]
zien (ww)	дидан	[didan]
zijn (ww)	будан	[budan]
zoeken (ww)	ҷустан	[dʒustan]
zwemmen (ww)	шино кардан	[ʃino kardan]
zwijgen (ww)	хомӯш будан	[χomœʃ budan]

TIJD. KALENDER

17. Dagen van de week

maandag (de)	душанбе	[duʃanbe]
dinsdag (de)	сешанбе	[seʃanbe]
woensdag (de)	чоршанбе	[tʃorʃanbe]
donderdag (de)	панчшанбе	[pandʒʃanbe]
vrijdag (de)	чумъа	[dʒum'a]
zaterdag (de)	шанбе	[ʃanbe]
zondag (de)	якшанбе	[jakʃanbe]

vandaag (bw)	имрӯз	[imrœz]
morgen (bw)	пагоҳ, фардо	[pagoh], [fardo]
overmorgen (bw)	пасфардо	[pasfardo]
gisteren (bw)	дирӯз, дина	[dirœz], [dina]
eergisteren (bw)	парирӯз	[parirœz]

dag (de)	рӯз	[rœz]
werkdag (de)	рӯзи кор	[rœzi kor]
feestdag (de)	рӯзи ид	[rœzi id]
verlofdag (de)	рӯзи истироҳат	[rœzi istirohat]
weekend (het)	рӯзҳои истироҳат	[rœzhoi istirohat]

de hele dag (bw)	тамоми рӯз	[tamomi rœz]
de volgende dag (bw)	рӯзи дигар	[rœzi digar]
twee dagen geleden	ду рӯз пеш	[du rœz peʃ]
aan de vooravond (bw)	як рӯз пеш	[jak rœz peʃ]
dag-, dagelijks (bn)	ҳаррӯза	[harrœza]
elke dag (bw)	ҳар рӯз	[har rœz]

week (de)	ҳафта	[hafta]
vorige week (bw)	ҳафтаи гузашта	[haftai guzaʃta]
volgende week (bw)	ҳафтаи оянда	[haftai ojanda]
wekelijks (bn)	ҳафтаина	[haftaina]
elke week (bw)	ҳар ҳафта	[har hafta]
twee keer per week	ҳафтае ду маротиба	[haftae du marotiba]
elke dinsdag	ҳар сешанбе	[har seʃanbe]

18. Uren. Dag en nacht

morgen (de)	пагоҳӣ	[pagohi:]
's morgens (bw)	пагоҳирӯзӣ	[pagohirœzi:]
middag (de)	нисфи рӯз	[nisfi rœz]
's middags (bw)	баъди пешин	[ba'di peʃin]

avond (de)	бегоҳ, бегоҳирӯз	[begoh], [begohirœz]
's avonds (bw)	бегоҳӣ, бегоҳирӯзӣ	[begohi:], [begohirœzi:]

nacht (de)	шаб	[ʃab]
's nachts (bw)	шабона	[ʃabona]
middernacht (de)	нисфи шаб	[nisfi ʃab]

seconde (de)	сония	[sonija]
minuut (de)	дақиқа	[daqiqa]
uur (het)	соат	[soat]
halfuur (het)	нимсоат	[nimsoat]
kwartier (het)	чоряки соат	[tʃorjaki soat]
vijftien minuten	понздаҳ дақиқа	[ponzdah daqiqa]
etmaal (het)	шабонарӯз	[ʃabonarœz]

zonsopgang (de)	тулӯъ	[tulœ']
dageraad (de)	субҳидам	[subhidam]
vroege morgen (de)	субҳи барвақт	[subhi barvaqt]
zonsondergang (de)	ғуруби офтоб	[ʁurubi oftob]

's morgens vroeg (bw)	субҳи барвақт	[subhi barvaqt]
vanmorgen (bw)	имрӯз пагоҳӣ	[imrœz pagohi:]
morgenochtend (bw)	пагоҳ саҳарӣ	[pagoh sahari:]

vanmiddag (bw)	имрӯз	[imrœz]
's middags (bw)	баъди пешин	[ba'di peʃin]
morgenmiddag (bw)	пагоҳ баъди пешин	[pagoh ba'di peʃin]

vanavond (bw)	ҳамин бегоҳ	[hamin begoh]
morgenavond (bw)	фардо бегоҳӣ	[fardo begohi:]

klokslag drie uur	расо соати се	[raso soati se]
ongeveer vier uur	наздикии соати чор	[nazdiki:i soati tʃor]
tegen twaalf uur	соатҳои дувоздаҳ	[soathoi duvozdah]

over twintig minuten	баъд аз бист дақиқа	[ba'd az bist daqiqa]
over een uur	баъд аз як соат	[ba'd az jak soat]
op tijd (bw)	дар вақташ	[dar vaqtaʃ]

kwart voor ...	понздаҳто кам	[ponzdahto kam]
binnen een uur	дар давоми як соат	[dar davomi jak soat]
elk kwartier	ҳар понздаҳ дақиқа	[har ponzdah daqiqa]
de klok rond	шабу рӯз	[ʃabu rœz]

19. Maanden. Seizoenen

januari (de)	январ	[janvar]
februari (de)	феврал	[fevral]
maart (de)	март	[mart]
april (de)	апрел	[aprel]
mei (de)	май	[maj]
juni (de)	июн	[ijun]

juli (de)	июл	[ijul]
augustus (de)	август	[avgust]
september (de)	сентябр	[sentjabr]
oktober (de)	октябр	[oktjabr]

november (de)	ноябр	[nojabr]
december (de)	декабр	[dekabr]
lente (de)	баҳор, баҳорон	[bahor], [bahoron]
in de lente (bw)	дар фасли баҳор	[dar fasli bahor]
lente- (abn)	баҳорӣ	[bahori:]
zomer (de)	тобистон	[tobiston]
in de zomer (bw)	дар тобистон	[dar tobiston]
zomer-, zomers (bn)	тобистона	[tobistona]
herfst (de)	тирамоҳ	[tiramoh]
in de herfst (bw)	дар тирамоҳ	[dar tiramoh]
herfst- (abn)	… и тирамоҳ	[i tiramoh]
winter (de)	зимистон	[zimiston]
in de winter (bw)	дар зимистон	[dar zimiston]
winter- (abn)	зимистонӣ, … и зимистон	[zimistoni:], [i zimiston]
maand (de)	моҳ	[moh]
deze maand (bw)	ҳамин моҳ	[hamin moh]
volgende maand (bw)	дар моҳи оянда	[dar mohi ojanda]
vorige maand (bw)	дар моҳи гузашта	[dar mohi guzaʃta]
een maand geleden (bw)	як моҳ пеш	[jak moh peʃ]
over een maand (bw)	баъд аз як моҳ	[ba'd az jak moh]
over twee maanden (bw)	баъд аз ду моҳ	[ba'd az du moh]
de hele maand (bw)	тамоми моҳ	[tamomi moh]
een volle maand (bw)	тамоми моҳ	[tamomi moh]
maand-, maandelijks (bn)	ҳармоҳа	[harmoha]
maandelijks (bw)	ҳар моҳ	[har moh]
elke maand (bw)	ҳар моҳ	[har moh]
twee keer per maand	ду маротиба дар як моҳ	[du marotiba dar jak moh]
jaar (het)	сол	[sol]
dit jaar (bw)	ҳамин сол	[hamin sol]
volgend jaar (bw)	соли оянда	[soli ojanda]
vorig jaar (bw)	соли гузашта	[soli guzaʃta]
een jaar geleden (bw)	як сол пеш	[jak sol peʃ]
over een jaar	баъд аз як сол	[ba'd az jak sol]
over twee jaar	баъд аз ду сол	[ba'd az du sol]
het hele jaar	тамоми сол	[tamomi sol]
een vol jaar	як соли пурра	[jak soli purra]
elk jaar	ҳар сол	[har sol]
jaar-, jaarlijks (bn)	ҳарсола	[harsola]
jaarlijks (bw)	ҳар сол	[har sol]
4 keer per jaar	чор маротиба дар як сол	[tʃor marotiba dar jak sol]
datum (de)	таърих, рӯз	[ta'riχ], [rœz]
datum (de)	сана	[sana]
kalender (de)	тақвим, солнома	[taqvim], [solnoma]
een half jaar	ним сол	[nim sol]
zes maanden	нимсола	[nimsola]

seizoen (bijv. lente, zomer)	**фасл**	[fasl]
eeuw (de)	**аср**	[asr]

REIZEN. HOTEL

20. Trip. Reizen

toerisme (het)	туризм, саёхат	[turizm], [sajɔχat]
toerist (de)	саёхатчй	[sajɔhattʃi:]
reis (de)	саёхат	[sajɔhat]
avontuur (het)	саргузашт	[sarguzaʃt]
tocht (de)	сафар	[safar]
vakantie (de)	рухсатй	[ruχsati:]
met vakantie zijn	дар рухсатй будан	[dar ruχsati: budan]
rust (de)	истирохат	[istirohat]
trein (de)	поезд, қатор	[poezd], [qator]
met de trein	бо қатора	[bo qatora]
vliegtuig (het)	хавопаймо	[havopajmo]
met het vliegtuig	бо хавопаймо	[bo havopajmo]
met de auto	бо мошин	[bo moʃin]
per schip (bw)	бо киштй	[bo kiʃti:]
bagage (de)	бағоч, бор	[baʁodʒ], [bor]
valies (de)	чомадон	[dʒomadon]
bagagekarretje (het)	аробаи бағочкашй	[arobai boʁotʃkaʃi:]
paspoort (het)	шиноснома	[ʃinosnoma]
visum (het)	виза	[viza]
kaartje (het)	билет	[bilet]
vliegticket (het)	чиптаи хавопаймо	[tʃiptai havopajmo]
reisgids (de)	роҳнома	[rohnoma]
kaart (de)	харита	[χarita]
gebied (landelijk ~)	чой, махал	[dʒoj], [mahal]
plaats (de)	чой	[dʒoj]
exotische bestemming (de)	ғароибот	[ʁaroibot]
exotisch (bn)	… и ғароиб	[i ʁaroib]
verwonderlijk (bn)	хайратангез	[hajratangez]
groep (de)	гурӯх	[gurœh]
rondleiding (de)	экскурсия, саёхат	[ɛkskursija], [sajɔhat]
gids (de)	роҳбари экскурсия	[rohbari ɛkskursija]

21. Hotel

hotel (het)	мехмонхона	[mehmonχona]
motel (het)	мехмонхона	[mehmonχona]
3-sterren	се ситорадор	[se sitorador]

| 5-sterren | панҷ ситорадор | [pandʒ sitorador] |
| overnachten (ww) | фуромадан | [furomadan] |

kamer (de)	хуҷра	[hudʒra]
eenpersoonskamer (de)	хуҷраи якнафара	[hudʒrai jaknafara]
tweepersoonskamer (de)	хуҷраи дунафара	[hudʒrai dunafara]
een kamer reserveren	банд кардани хуҷра	[band kardani hudʒra]

| halfpension (het) | бо нимтаъминот | [bo nimta'minot] |
| volpension (het) | бо таъминоти пурра | [bo ta'minoti purra] |

met badkamer	ваннадор	[vannador]
met douche	душдор	[duʃdor]
satelliet-tv (de)	телевизиони спутникӣ	[televizioni sputniki:]
airconditioner (de)	кондитсионер	[konditsioner]
handdoek (de)	сачоқ	[satʃoq]
sleutel (de)	калид	[kalid]

administrateur (de)	маъмур, мудир	[ma'mur], [mudir]
kamermeisje (het)	пешхизмат	[peʃχizmat]
piccolo (de)	ҳаммол	[hammol]
portier (de)	дарбони меҳмонхона	[darboni mehmonχona]

restaurant (het)	тарабхона	[tarabχona]
bar (de)	бар	[bar]
ontbijt (het)	ноништа	[noniʃta]
avondeten (het)	шом	[ʃom]
buffet (het)	мизи шведӣ	[mizi ʃvedi:]

| hal (de) | миёнсарой | [mijɔnsaroj] |
| lift (de) | лифт | [lift] |

| NIET STOREN | ХАЛАЛ НАРАСОНЕД | [χalal narasoned] |
| VERBODEN TE ROKEN! | ТАМОКУ НАКАШЕД! | [tamoku nakaʃed] |

22. Bezienswaardigheden

monument (het)	ҳайкал	[hajkal]
vesting (de)	ҳисор	[hisor]
paleis (het)	қаср	[qasr]
kasteel (het)	кӯшк	[kœʃk]
toren (de)	манора, бурҷ	[manora], [burdʒ]
mausoleum (het)	мавзолей, мақбара	[mavzolej], [maqbara]

architectuur (de)	меъморӣ	[me'mori:]
middeleeuws (bn)	асримиёнагӣ	[asrimijɔnagi:]
oud (bn)	қадим	[qadim]
nationaal (bn)	миллӣ	[milli:]
bekend (bn)	маъруф	[ma'ruf]

toerist (de)	саёҳатчӣ	[sajɔhattʃi:]
gids (de)	роҳбалад	[rohbalad]
rondleiding (de)	экскурсия	[ɛkskursija]
tonen (ww)	нишон додан	[niʃon dodan]

vertellen (ww)	нақл кардан	[naql kardan]
vinden (ww)	ёфтан	[jɔftan]
verdwalen (de weg kwijt zijn)	роҳ гум кардан	[roh gum kardan]
plattegrond (~ van de metro)	накша	[nakʃa]
plattegrond (~ van de stad)	нақша	[naqʃa]

souvenir (het)	тӯҳфа	[tœhfa]
souvenirwinkel (de)	мағозаи туҳфаҳо	[maʁozai tuhfaho]
een foto maken (ww)	сурат гирифтан	[surat giriftan]
zich laten fotograferen	сурати худро гирондан	[surati χudro girondan]

VERVOER

23. Vliegveld

luchthaven (de)	аэропорт	[aɛroport]
vliegtuig (het)	ҳавопаймо	[havopajmo]
luchtvaartmaatschappij (de)	ширкати ҳавопаймой	[ʃirkati havopajmoi:]
luchtverkeersleider (de)	диспечер	[dispetʃer]
vertrek (het)	парвоз	[parvoz]
aankomst (de)	парида омадан	[parida omadan]
aankomen (per vliegtuig)	парида омадан	[parida omadan]
vertrektijd (de)	вақти паридан	[vaqti paridan]
aankomstuur (het)	вақти шиштан	[vaqti ʃiʃtan]
vertraagd zijn (ww)	боздоштан	[bozdoʃtan]
vluchtvertraging (de)	боздоштани парвоз	[bozdoʃtani parvoz]
informatiebord (het)	тахтаи ахборот	[taχtai aχborot]
informatie (de)	ахборот	[aχborot]
aankondigen (ww)	эълон кардан	[ɛ'lon kardan]
vlucht (bijv. KLM ~)	сафар, рейс	[safar], [rejs]
douane (de)	гумрукхона	[gumrukχona]
douanier (de)	гумрукчӣ	[gumruktʃi:]
douaneaangifte (de)	декларатсияи гумрукӣ	[deklaratsijai gumruki:]
invullen (douaneaangifte ~)	пур кардан	[pur kardan]
een douaneaangifte invullen	пур кардани декларатсия	[pur kardani deklaratsija]
paspoortcontrole (de)	назорати шиноснома	[nazorati ʃinosnoma]
bagage (de)	бағоч, бор	[baʁodʒ], [bor]
handbagage (de)	бори дастӣ	[bori dasti:]
bagagekarretje (het)	аробаи бағочкашӣ	[arobai baʁotʃkaʃi:]
landing (de)	фуруд	[furud]
landingsbaan (de)	хати нишаст	[χati niʃast]
landen (ww)	нишастан	[niʃastan]
vliegtuigtrap (de)	зинапояи киштӣ	[zinapojai kiʃti:]
inchecken (het)	бақайдгирӣ	[baqajdgiri:]
incheckbalie (de)	қатори бақайдгирӣ	[qatori baqajdgiri:]
inchecken (ww)	қайд кунондан	[qajd kunondan]
instapkaart (de)	талони саворшавӣ	[taloni savorʃavi:]
gate (de)	баромадан	[baromadan]
transit (de)	транзит	[tranzit]
wachten (ww)	поидан	[poidan]
wachtzaal (de)	толори интизорӣ	[tolori intizori:]

| begeleiden (uitwuiven) | гусел кардан | [gusel kardan] |
| afscheid nemen (ww) | падруд гуфтан | [padrud guftan] |

24. Vliegtuig

vliegtuig (het)	ҳавопаймо	[havopajmo]
vliegticket (het)	чиптаи ҳавопаймо	[tʃiptai havopajmo]
luchtvaartmaatschappij (de)	ширкати ҳавопаймой	[ʃirkati havopajmoi:]
luchthaven (de)	аэропорт	[aeroport]
supersonisch (bn)	фавқуссадо	[favqussado]

gezagvoerder (de)	фармондеҳи киштӣ	[farmondehi kiʃti:]
bemanning (de)	экипаж	[ɛkipaʒ]
piloot (de)	сарнишин	[sarniʃin]
stewardess (de)	стюардесса	[stjuardessa]
stuurman (de)	штурман	[ʃturman]

vleugels (mv.)	қанот	[qanot]
staart (de)	дум	[dum]
cabine (de)	кабина	[kabina]
motor (de)	муҳаррик	[muharrik]
landingsgestel (het)	шассӣ	[ʃassi:]
turbine (de)	турбина	[turbina]
propeller (de)	пропеллер	[propeller]
zwarte doos (de)	қуттии сиёҳ	[qutti:i sijɔh]
stuur (het)	суккон	[sukkon]
brandstof (de)	сӯзишворӣ	[sœziʃvori:]

veiligheidskaart (de)	дастурамали бехатарӣ	[dasturamali beχatari:]
zuurstofmasker (het)	ниқоби ҳавои тоза	[niqobi havoi toza]
uniform (het)	либоси расмӣ	[libosi rasmi:]
reddingsvest (de)	камзӯли наҷотдиҳанда	[kamzœli nadʒotdihanda]
parachute (de)	парашют	[paraʃjut]
opstijgen (het)	парвоз	[parvoz]
opstijgen (ww)	парвоз кардан	[parvoz kardan]
startbaan (de)	хати парвоз	[χati parvoz]

zicht (het)	софии ҳаво	[sofi:i havo]
vlucht (de)	парвоз	[parvoz]
hoogte (de)	баландӣ	[balandi:]
luchtzak (de)	чоҳи ҳаво	[tʃohi havo]

plaats (de)	ҷой	[dʒoj]
koptelefoon (de)	гӯшак, гӯшпӯшак	[gœʃak], [gœʃpœʃak]
tafeltje (het)	мизчаи вошаванда	[miztʃai voʃavanda]
venster (het)	иллюминатор	[illjuminator]
gangpad (het)	гузаргоҳ	[guzargoh]

25. Trein

| trein (de) | поезд, қатор | [poezd], [qator] |
| elektrische trein (de) | қатораи барқӣ | [qatorai barqi:] |

sneltrein (de)	қатораи тезгард	[qatorai tezgard]
diesellocomotief (de)	тепловоз	[teplovoz]
locomotief (de)	паровоз	[parovoz]

rijtuig (het)	вагон	[vagon]
restauratierijtuig (het)	вагон-ресторан	[vagon-restoran]

rails (mv.)	релсхо	[relsho]
spoorweg (de)	роҳи оҳан	[rohi ohan]
dwarsligger (de)	шпала	[ʃpala]

perron (het)	платформа	[platforma]
spoor (het)	роҳ	[roh]

semafoor (de)	семафор	[semafor]
halte (bijv. kleine treinhalte)	истгоҳ	[istgoh]

machinist (de)	мошинист	[moʃinist]
kruier (de)	ҳаммол	[hammol]
conducteur (de)	роҳбалад	[rohbalad]

passagier (de)	мусофир	[musofir]
controleur (de)	нозир	[nozir]

gang (in een trein)	коридор	[koridor]
noodrem (de)	стоп-кран	[stop-kran]

coupé (de)	купе	[kupe]
bed (slaapplaats)	кат	[kat]
bovenste bed (het)	кати боло	[kati bolo]

onderste bed (het)	кати поён	[kati pojon]
beddengoed (het)	чилдхои болишту бистар	[dʒildhoi boliʃtu bistar]

kaartje (het)	билет	[bilet]
dienstregeling (de)	ҷадвал	[dʒadval]
informatiebord (het)	ҷадвал	[dʒadval]

vertrekken	дур шудан	[dur ʃudan]
(De trein vertrekt ...)		
vertrek (ov. een trein)	равон кардан	[ravon kardan]

aankomen (ov. de treinen)	омадан	[omadan]
aankomst (de)	омадан	[omadan]

aankomen per trein	бо қатора омадан	[bo qatora omadan]
in de trein stappen	ба қатора нишастан	[ba qatora niʃastan]
uit de trein stappen	фаромадан	[faromadan]

treinwrak (het)	садама	[sadama]
ontspoord zijn	аз релс баромадан	[az rels baromadan]

locomotief (de)	паровоз	[parovoz]
stoker (de)	алавмон	[alavmon]
stookplaats (de)	оташдон	[otaʃdon]
steenkool (de)	ангишт	[angiʃt]

26. Schip

schip (het)	киштй	[kiʃti:]
vaartuig (het)	киштй	[kiʃti:]
stoomboot (de)	пароход	[paroχod]
motorschip (het)	теплоход	[teploχod]
lijnschip (het)	лайнер	[lajner]
kruiser (de)	крейсер	[krejser]
jacht (het)	яхта	[jaχta]
sleepboot (de)	таноби ядак	[tanobi jadak]
duwbak (de)	баржа	[barʒa]
ferryboot (de)	паром	[parom]
zeilboot (de)	киштии бодбондор	[kiʃti:i bodbondor]
brigantijn (de)	бригантина	[brigantina]
IJsbreker (de)	киштии яхшикан	[kiʃti:i jaχʃikan]
duikboot (de)	киштии зериобй	[kiʃti:i zeriobi:]
boot (de)	қаиқ	[qaiq]
sloep (de)	қаиқ	[qaiq]
reddingssloep (de)	завраќи наҷот	[zavraqi nadʒot]
motorboot (de)	катер	[kater]
kapitein (de)	капитан	[kapitan]
zeeman (de)	баҳрчй, маллоҳ	[bahrtʃi:], [malloh]
matroos (de)	баҳрчй	[bahrtʃi:]
bemanning (de)	экипаж	[ɛkipaʒ]
bootsman (de)	ботсман	[botsman]
scheepsjongen (de)	маллоҳбача	[mallohbatʃa]
kok (de)	кок, ошпази киштй	[kok], [oʃpazi kiʃti:]
scheepsarts (de)	духтури киштй	[duχturi kiʃti:]
dek (het)	саҳни киштй	[sahni kiʃti:]
mast (de)	сутуни киштй	[sutuni kiʃti:]
zeil (het)	бодбон	[bodbon]
ruim (het)	таҳхонаи киштй	[tahχonai kiʃti:]
voorsteven (de)	сари кишти	[sari kiʃti]
achtersteven (de)	думи киштй	[dumi kiʃti:]
roeispaan (de)	бели завраќ	[beli zavraq]
schroef (de)	винт	[vint]
kajuit (de)	каюта	[kajuta]
officierskamer (de)	кают-компания	[kajut-kompanija]
machinekamer (de)	шӯъбаи мошинхо	[ʃœ'bai moʃinho]
brug (de)	арша	[arʃa]
radiokamer (de)	радиохона	[radioχona]
radiogolf (de)	мавч	[mavdʒ]
logboek (het)	журнали киштй	[ʒurnali kiʃti:]
verrekijker (de)	дурбин	[durbin]
klok (de)	ноќус, зангӯла	[noqus], [zangœla]

vlag (de)	байрак	[bajrak]
kabel (de)	арғамчини ғафс	[arʁamtʃini ʁafs]
knoop (de)	гиреҳ	[gireh]

trapleuning (de)	даста барои қапидан	[dasta baroi qapidan]
trap (de)	зинапоя	[zinapoja]

anker (het)	лангар	[langar]
het anker lichten	лангар бардоштан	[langar bardoʃtan]
het anker neerlaten	лангар андохтан	[langar andoχtan]
ankerketting (de)	занҷири лангар	[zandʒiri langar]

haven (bijv. containerhaven)	бандар	[bandar]
kaai (de)	ҷои киштибандӣ	[dʒoi kiʃtibandi:]
aanleggen (ww)	ба соҳил овардан	[ba sohil ovardan]
wegvaren (ww)	ҳаракат кардан	[harakat kardan]

reis (de)	саёҳат	[sajɔhat]
cruise (de)	круиз	[kruiz]
koers (de)	самт	[samt]
route (de)	маршрут	[marʃrut]

vaarwater (het)	маъбар	[ma'bar]
zandbank (de)	тунукоба	[tunukoba]
stranden (ww)	ба тунукоба шиштан	[ba tunukoba ʃiʃtan]

storm (de)	тӯфон, бӯрои	[tœfon], [bœroi]
signaal (het)	бонг, ишорат	[bong], [iʃorat]
zinken (ov. een boot)	ғарк шудан	[ʁark ʃudan]
Man overboord!	Одам дар об!	[odam dar ob]
SOS (noodsignaal)	SOS	[sos]
reddingsboei (de)	чамбари наҷот	[tʃambari nadʒot]

STAD

27. Stedelijk vervoer

bus, autobus (de)	автобус	[avtobus]
tram (de)	трамвай	[tramvaj]
trolleybus (de)	троллейбус	[trollejbus]
route (de)	маршрут	[marʃrut]
nummer (busnummer, enz.)	рақам	[raqam]
rijden met ...	савор будан	[savor budan]
stappen (in de bus ~)	савор шудан	[savor ʃudan]
afstappen (ww)	фуромадан	[furomadan]
halte (de)	истгоҳ	[istgoh]
volgende halte (de)	истгоҳи дигар	[istgohi digar]
eindpunt (het)	истгоҳи охирон	[istgohi oχiron]
dienstregeling (de)	ҷадвал	[dʒadval]
wachten (ww)	поидан	[poidan]
kaartje (het)	билет	[bilet]
reiskosten (de)	арзиши чипта	[arziʃi tʃipta]
kassier (de)	кассир	[kassir]
kaartcontrole (de)	назорат	[nazorat]
controleur (de)	нозир	[nozir]
te laat zijn (ww)	дер мондан	[der mondan]
missen (de bus ~)	дер мондан	[der mondan]
zich haasten (ww)	шитоб кардан	[ʃitob kardan]
taxi (de)	такси	[taksi]
taxichauffeur (de)	таксичӣ	[taksitʃi:]
met de taxi (bw)	дар такси	[dar taksi]
taxistandplaats (de)	истгоҳи таксӣ	[istgohi taksi:]
een taxi bestellen	даъват кардани таксӣ	[da'vat kardani taksi:]
een taxi nemen	такси гирифтан	[taksi giriftan]
verkeer (het)	ҳаракат дар кӯча	[harakat dar kœtʃa]
file (de)	пробка	[probka]
spitsuur (het)	час пик	[tʃas pik]
parkeren (on.ww.)	ҷой кардан	[dʒoj kardan]
parkeren (ov.ww.)	ҷой кардан	[dʒoj kardan]
parking (de)	истгоҳ	[istgoh]
metro (de)	метро	[metro]
halte (bijv. kleine treinhalte)	истгоҳ	[istgoh]
de metro nemen	бо метро рафтан	[bo metro raftan]
trein (de)	поезд, қатор	[poezd], [qator]
station (treinstation)	вокзал	[vokzal]

28. Stad. Het leven in de stad

stad (de)	шаҳр	[ʃahr]
hoofdstad (de)	пойтахт	[pojtaχt]
dorp (het)	деҳа, деҳ	[deha], [deh]
plattegrond (de)	нақшаи шаҳр	[naqʃai ʃahr]
centrum (ov. een stad)	маркази шаҳр	[markazi ʃahr]
voorstad (de)	шаҳрча	[ʃahrtʃa]
voorstads- (abn)	наздишаҳрй	[nazdiʃahri:]
randgemeente (de)	атроф, канор	[atrof], [kanor]
omgeving (de)	атрофи шаҳр	[atrofi ʃahr]
blok (huizenblok)	квартал, маҳалла	[kvartal], [mahalla]
woonwijk (de)	маҳаллаи истиқоматй	[mahallai istiqomati:]
verkeer (het)	ҳаракат дар кӯча	[harakat dar kœtʃa]
verkeerslicht (het)	чароғи раҳнамо	[tʃaroʁi rahnamo]
openbaar vervoer (het)	нақлиёти шаҳрй	[naqlijoti ʃahri:]
kruispunt (het)	чорраҳа	[tʃorraha]
zebrapad (oversteekplaats)	гузаргоҳи пиёдагардон	[guzargohi pijɔdagardon]
onderdoorgang (de)	гузаргоҳи зеризаминй	[guzargohi zerizamini:]
oversteken (de straat ~)	гузаштан	[guzaʃtan]
voetganger (de)	пиёдагард	[pijɔdagard]
trottoir (het)	пиёдараҳа	[pijɔdaraha]
brug (de)	пул, кӯпрук	[pul], [kœpruk]
dijk (de)	соҳил	[sohil]
fontein (de)	фаввора	[favvora]
allee (de)	кӯчабоғ	[kœtʃaboʁ]
park (het)	боғ	[boʁ]
boulevard (de)	кӯчабоғ, гулгашт	[kœtʃaboʁ], [gulgaʃt]
plein (het)	майдон	[majdon]
laan (de)	хиёбон	[χijɔbon]
straat (de)	кӯча	[kœtʃa]
zijstraat (de)	тангкӯча	[tangkœtʃa]
doodlopende straat (de)	кӯчаи бумбаста	[kœtʃai bumbasta]
huis (het)	хона	[χona]
gebouw (het)	бино	[bino]
wolkenkrabber (de)	иморати осмонхарош	[imorati osmonχaroʃ]
gevel (de)	намо	[namo]
dak (het)	бом	[bom]
venster (het)	тиреза	[tireza]
boog (de)	равоқ, тоқ	[ravoq], [toq]
pilaar (de)	сутун	[sutun]
hoek (ov. een gebouw)	бурчак	[burtʃak]
vitrine (de)	витрина	[vitrina]
gevelreclame (de)	лавҳа	[lavha]
affiche (de/het)	эълоннома	[ɛ'lonnoma]
reclameposter (de)	плакати реклама	[plakati reklama]

aanplakbord (het)	лавҳаи эълонхо	[lavhai ɛ'lonho]
vuilnis (de/het)	ахлот, хокрӯба	[aχlot], [χokrœba]
vuilnisbak (de)	ахлотқуттӣ	[aχlotqutti:]
afval weggooien (ww)	ифлос кардан	[iflos kardan]
stortplaats (de)	партовгоҳ	[partovgoh]

telefooncel (de)	будкаи телефон	[budkai telefon]
straatlicht (het)	сутуни фонус	[sutuni fonus]
bank (de)	нимкат	[nimkat]

politieagent (de)	полис	[polis]
politie (de)	полис	[polis]
zwerver (de)	гадо	[gado]
dakloze (de)	бехона	[beχona]

29. Stedelijke instellingen

winkel (de)	магазин	[magazin]
apotheek (de)	дорухона	[doruχona]
optiek (de)	оптика	[optika]
winkelcentrum (het)	маркази савдо	[markazi savdo]
supermarkt (de)	супермаркет	[supermarket]

bakkerij (de)	дӯкони нонфурӯшӣ	[dœkoni nonfurœʃi:]
bakker (de)	нонвой	[nonvoj]
banketbakkerij (de)	қаннодӣ	[qannodi:]
kruidenier (de)	дӯкони баққолӣ	[dœkoni baqqoli:]
slagerij (de)	дӯкони гӯштфурӯшӣ	[dœkoni gœʃtfurœʃi:]

| groentewinkel (de) | дӯкони сабзавот | [dœkoni sabzavot] |
| markt (de) | бозор | [bozor] |

koffiehuis (het)	қаҳвахона	[qahvaχona]
restaurant (het)	тарабхона	[tarabχona]
bar (de)	пивохона	[pivoχona]
pizzeria (de)	питсерия	[pitserija]

kapperssalon (de/het)	сартарошхона	[sartaroʃχona]
postkantoor (het)	пӯшта	[pœʃta]
stomerij (de)	козургарии химиявӣ	[kozurgari:i χimijavi:]
fotostudio (de)	суратгирхона	[suratgirχona]

schoenwinkel (de)	магазини пойафзолфурӯшӣ	[magazini pojafzolfurœʃi:]
boekhandel (de)	мағозаи китоб	[maʁozai kitob]
sportwinkel (de)	мағозаи варзишӣ	[maʁozai varziʃi:]

kledingreparatie (de)	таъмири либос	[ta'miri libos]
kledingverhuur (de)	кирояи либос	[kirojai libos]
videotheek (de)	кирояи филмҳо	[kirojai filmho]

circus (de/het)	сирк	[sirk]
dierentuin (de)	боғи ҳайвонот	[boʁi hajvonot]
bioscoop (de)	кинотеатр	[kinoteatr]

museum (het)	осорхона	[osorχona]
bibliotheek (de)	китобхона	[kitobχona]

theater (het)	театр	[teatr]
opera (de)	опера	[opera]
nachtclub (de)	клуби шабона	[klubi ʃabona]
casino (het)	казино	[kazino]

moskee (de)	масчид	[masdʒid]
synagoge (de)	каниса	[kanisa]
kathedraal (de)	собор	[sobor]
tempel (de)	ибодатгох	[ibodatgoh]
kerk (de)	калисо	[kaliso]

instituut (het)	институт	[institut]
universiteit (de)	университет	[universitet]
school (de)	мактаб	[maktab]

gemeentehuis (het)	префектура	[prefektura]
stadhuis (het)	мэрия	[mɛrija]
hotel (het)	мехмонхона	[mehmonχona]
bank (de)	банк	[bank]

ambassade (de)	сафорат	[saforat]
reisbureau (het)	турагенство	[turagenstvo]
informatieloket (het)	бюрои справкадихй	[bjuroi spravkadihi:]
wisselkantoor (het)	нуқтаи мубодила	[nuqtai mubodila]

metro (de)	метро	[metro]
ziekenhuis (het)	касалхона	[kasalχona]

benzinestation (het)	нуқтаи фурӯши сӯзишворй	[nuqtai furœʃi sœziʃvori:]
parking (de)	истгохи мошинхо	[istgohi moʃinho]

30. Borden

gevelreclame (de)	лавха	[lavha]
opschrift (het)	хат, навиштачот	[χat], [naviʃtadʒot]
poster (de)	плакат	[plakat]
wegwijzer (de)	аломат, нишона	[alomat], [niʃona]
pijl (de)	аломати тир	[alomati tir]

waarschuwing (verwittiging)	огохй	[ogohi:]
waarschuwingsbord (het)	огохй	[ogohi:]
waarschuwen (ww)	танбех додан	[tanbeh dodan]

vrije dag (de)	рӯзи истирохат	[rœzi istirohat]
dienstregeling (de)	чадвал	[dʒadval]
openingsuren (mv.)	соати корй	[soati kori:]

WELKOM!	ХУШ ОМАДЕД!	[χuʃ omaded]
INGANG	ДАРОМАД	[daromad]
UITGANG	БАРОМАД	[baromad]

DUWEN	АЗ ХУД	[az χud]
TREKKEN	БА ХУД	[ba χud]
OPEN	КУШОДА	[kuʃoda]
GESLOTEN	ПӮШИДА	[pœʃida]

| DAMES | БАРОИ ЗАНОН | [baroi zanon] |
| HEREN | БАРОИ МАРДОН | [baroi mardon] |

KORTING	ТАХФИФ	[taχfif]
UITVERKOOP	АРЗОНФУРӮШӢ	[arzonfurœʃi:]
NIEUW!	МОЛИ НАВ!	[moli nav]
GRATIS	БЕПУЛ	[bepul]

PAS OP!	ДИҚҚАТ!	[diqqat]
VOLGEBOEKT	ҶОЙ НЕСТ	[dʒoj nest]
GERESERVEERD	БАНД АСТ	[band ast]

ADMINISTRATIE	МАЪМУРИЯТ	[ma'murijat]
ALLEEN VOOR	ФАҚАТ БАРОИ	[faqat baroi
PERSONEEL	КОРМАНДОН	kormandon]

GEVAARLIJKE HOND	САГИ ГАЗАНДА	[sagi gazanda]
VERBODEN TE ROKEN!	ТАМОКУ НАКАШЕД!	[tamoku nakaʃed]
NIET AANRAKEN!	ДАСТ НАРАСОНЕД!	[dast narasoned]

GEVAARLIJK	ХАТАРНОК	[χatarnok]
GEVAAR	ХАТАР	[χatar]
HOOGSPANNING	ШИДДАТИ БАЛАНД	[ʃiddati baland]
VERBODEN TE ZWEMMEN	ОББОЗӢ КАРДАН	[obbozi: kardan
	МАНЪ АСТ	man' ast]
BUITEN GEBRUIK	КОР НАМЕКУНАД	[kor namekunad]

ONTVLAMBAAR	ОТАШАНГЕЗ	[otaʃangez]
VERBODEN	МАНЪ АСТ	[man' ast]
DOORGANG VERBODEN	ДАРОМАД МАНЪ АСТ	[daromad man' ast]
OPGELET PAS GEVERFD	РАНГ КАРДА ШУДААСТ	[rang karda ʃudaast]

31. Winkelen

kopen (ww)	харидан	[χaridan]
aankoop (de)	харид	[χarid]
winkelen (ww)	харид кардан	[χarid kardan]
winkelen (het)	шопинг	[ʃoping]

| open zijn | кушода будан | [kuʃoda budan] |
| (ov. een winkel, enz.) | | |

| gesloten zijn (ww) | маҳкам будан | [mahkam budan] |

schoeisel (het)	пойафзол	[pojafzol]
kleren (mv.)	либос	[libos]
cosmetica (de)	косметика	[kosmetika]
voedingswaren (mv.)	озуқаворӣ	[ozuqavori:]
geschenk (het)	тӯҳфа	[tœhfa]
verkoper (de)	фурӯш	[furœʃ]

verkoopster (de)	фурӯш	[furœʃ]
kassa (de)	касса	[kassa]
spiegel (de)	оина	[oina]
toonbank (de)	пешдӯкон	[peʃdœkon]
paskamer (de)	ҷои пӯшида дидани либос	[ʤoi pœʃida didani libos]

aanpassen (ww)	пӯшида дидан	[pœʃida didan]
passen (ov. kleren)	мувофиқ омадан	[muvofiq omadan]
bevallen (prettig vinden)	форидан	[foridan]

prijs (de)	нарх	[narχ]
prijskaartje (het)	нархнома	[narχnoma]
kosten (ww)	арзидан	[arzidan]
Hoeveel?	Чанд пул?	[ʧand pul]
korting (de)	тахфиф	[taχfif]

niet duur (bn)	арзон	[arzon]
goedkoop (bn)	арзон	[arzon]
duur (bn)	қимат	[qimat]
Dat is duur.	Ин қимат аст	[in qimat ast]

verhuur (de)	кироя	[kiroja]
huren (smoking, enz.)	насия гирифтан	[nasija giriftan]
krediet (het)	қарз	[qarz]
op krediet (bw)	кредит гирифтан	[kredit giriftan]

KLEDING EN ACCESSOIRES

32. Bovenkleding. Jassen

kleren (mv.), kleding (de)	либос	[libos]
bovenkleding (de)	либоси боло	[libosi bolo]
winterkleding (de)	либоси зимистонй	[libosi zimistoni:]
jas (de)	палто	[palto]
bontjas (de)	пӯстин	[pœstin]
bontjasje (het)	нимпӯстин	[nimpœstin]
donzen jas (de)	пуховик	[puχovik]
jasje (bijv. een leren ~)	куртка	[kurtka]
regenjas (de)	боронӣ	[boroni:]
waterdicht (bn)	обногузар	[obnoguzar]

33. Heren & dames kleding

overhemd (het)	курта	[kurta]
broek (de)	шим, шалвор	[ʃim], [ʃalvor]
jeans (de)	шими ҷинс	[ʃimi ʤins]
colbert (de)	пиҷак	[piʤak]
kostuum (het)	костюм	[kostjum]
jurk (de)	куртаи заннона	[kurtai zannona]
rok (de)	юбка	[jubka]
blouse (de)	блузка	[bluzka]
wollen vest (de)	кофтаи бофта	[koftai bofta]
blazer (kort jasje)	жакет	[ʒaket]
T-shirt (het)	футболка	[futbolka]
shorts (mv.)	шортик	[ʃortik]
trainingspak (het)	либоси варзишӣ	[libosi varziʃi:]
badjas (de)	халат	[χalat]
pyjama (de)	пижама	[piʒama]
sweater (de)	свитер	[sviter]
pullover (de)	пуловер	[pulover]
gilet (het)	камзӯл	[kamzœl]
rokkostuum (het)	фрак	[frak]
smoking (de)	смокинг	[smoking]
uniform (het)	либоси расмй	[libosi rasmi:]
werkkleding (de)	либоси корй	[libosi kori:]
overall (de)	комбинезон	[kombinezon]
doktersjas (de)	халат	[χalat]

34. Kleding. Ondergoed

ondergoed (het)	либоси таг	[libosi tag]
herenslip (de)	турсуки мардона	[tursuki mardona]
slipjes (mv.)	турсуки занона	[tursuki zanona]
onderhemd (het)	майка	[majka]
sokken (mv.)	пайпоқ	[pajpoq]
nachthemd (het)	куртаи хоб	[kurtai χob]
beha (de)	синабанд	[sinaband]
kniekousen (mv.)	чуроби кутох	[dʒurobi kutoh]
panty (de)	колготка	[kolgotka]
nylonkousen (mv.)	чуроби дароз	[ʧurobi daroz]
badpak (het)	либоси оббозй	[libosi obbozi:]

35. Hoofddeksels

hoed (de)	кулох, телпак	[kuloh], [telpak]
deukhoed (de)	шляпаи мохутй	[ʃljapai mohuti:]
honkbalpet (de)	бейсболка	[bejsbolka]
kleppet (de)	кепка	[kepka]
baret (de)	берет	[beret]
kap (de)	либоси кулохдор	[libosi kulohdor]
panamahoed (de)	панамка	[panamka]
gebreide muts (de)	шапкаи бофтагй	[ʃapkai boftagi:]
hoofddoek (de)	рӯймол	[rœjmol]
dameshoed (de)	кулохча	[kulohʧa]
veiligheidshelm (de)	тоскулох	[toskuloh]
veldmuts (de)	пилотка	[pilotka]
helm, valhelm (de)	хӯд	[χœd]
bolhoed (de)	дегчакулох	[degʧakuloχ]
hoge hoed (de)	силиндр	[silindr]

36. Schoeisel

schoeisel (het)	пойафзол	[pojafzol]
schoenen (mv.)	патинка	[patinka]
vrouwenschoenen (mv.)	кафш, туфли	[kafʃ], [tufli]
laarzen (mv.)	мӯза	[mœza]
pantoffels (mv.)	шиппак	[ʃippak]
sportschoenen (mv.)	крассовка	[krassovka]
sneakers (mv.)	кетй	[keti:]
sandalen (mv.)	сандал	[sandal]
schoenlapper (de)	мӯзадӯз	[mœzadœz]
hiel (de)	пошна	[poʃna]

paar (een ~ schoenen)	чуфт	[ʤuft]
veter (de)	бандак	[bandak]
rijgen (schoenen ~)	бандак гузарондан	[bandak guzarondan]
schoenlepel (de)	кафчаи кафшпӯшӣ	[kaftʃai kafʃpœʃi:]
schoensmeer (de/het)	креми пойафзол	[kremi pojafzol]

37. Persoonlijke accessoires

handschoenen (mv.)	дастпӯшак	[dastpœʃak]
wanten (mv.)	дастпӯшаки бепанча	[dastpœʃaki bepandʒa]
sjaal (fleece ~)	гарданпеч	[gardanpetʃ]

bril (de)	айнак	[ajnak]
brilmontuur (het)	чанбарак	[tʃanbarak]
paraplu (de)	соябон, чатр	[sojabon], [tʃatr]
wandelstok (de)	чӯб	[tʃœb]
haarborstel (de)	чӯткаи мӯйсар	[tʃœtkai mœjsar]
waaier (de)	бодбезак	[bodbezak]

das (de)	галстук	[galstuk]
strikje (het)	галстук-шапарак	[galstuk-ʃaparak]
bretels (mv.)	шалворбанди китфӣ	[ʃalvorbandi kitfi:]
zakdoek (de)	дастрӯймол	[dastrœjmol]

kam (de)	шона	[ʃona]
haarspeldje (het)	сарсӯзан, бандак	[sarsœzan], [bandak]
schuifspeldje (het)	санчак	[sandʒak]
gesp (de)	сагаки тасма	[sagaki tasma]

| broekriem (de) | тасма | [tasma] |
| draagriem (de) | тасма | [tasma] |

handtas (de)	сумка	[sumka]
damestas (de)	сумка	[sumka]
rugzak (de)	борхалта	[borχalta]

38. Kleding. Diversen

mode (de)	мод	[mod]
de mode (bn)	модшуда	[modʃuda]
kledingstilist (de)	тархсоз	[tarhsoz]

kraag (de)	гиребон, ёқа	[girebon], [joqa]
zak (de)	киса	[kisa]
zak- (abn)	... и киса	[i kisa]
mouw (de)	остин	[ostin]
lusje (het)	банди либос	[bandi libos]
gulp (de)	чоки пеши шим	[tʃoki peʃi ʃim]

rits (de)	занчирак	[zandʒirak]
sluiting (de)	гиреҳбанд	[girehband]
knoop (de)	тугма	[tugma]

| knoopsgat (het) | банди тугма | [bandi tugma] |
| losraken (bijv. knopen) | канда шудан | [kanda ʃudan] |

naaien (kleren, enz.)	дӯхтан	[dœχtan]
borduren (ww)	гулдӯзӣ кардан	[guldœzi: kardan]
borduursel (het)	гулдӯзӣ	[guldœzi:]
naald (de)	сӯзани чокдӯзи	[sœzani tʃokdœzi]
draad (de)	ресмон	[resmon]
naad (de)	чок	[tʃok]

vies worden (ww)	олуда шудан	[oluda ʃudan]
vlek (de)	доғ, лакка	[doʁ], [lakka]
gekreukt raken (ov. kleren)	ғичим шудан	[ʁidʒim ʃudan]
scheuren (ov.ww.)	даррондан	[darrondan]
mot (de)	куя	[kuja]

39. Persoonlijke verzorging. Schoonheidsmiddelen

tandpasta (de)	хамираи дандон	[χamirai dandon]
tandenborstel (de)	чӯткаи дандоншӯй	[tʃœtkai dandonʃœi:]
tanden poetsen (ww)	дандон шустан	[dandon ʃustan]

scheermes (het)	ришгирак	[riʃgirak]
scheerschuim (het)	креми ришгирӣ	[kremi riʃgiri:]
zich scheren (ww)	риш гирифтан	[riʃ giriftan]

| zeep (de) | собун | [sobun] |
| shampoo (de) | шампун | [ʃampun] |

schaar (de)	кайчӣ	[kajtʃi:]
nagelvijl (de)	тарошаи нохунхо	[taroʃai noχunho]
nagelknipper (de)	анбӯрча барои нохунхо	[anbœrtʃa baroi noχunho]
pincet (het)	мӯйчинак	[mœjtʃinak]

cosmetica (de)	косметика	[kosmetika]
masker (het)	ниқоби косметикӣ	[niqobi kosmetiki:]
manicure (de)	нохунорой	[noχunoroi:]
manicure doen	нохун оростан	[noχun orostan]
pedicure (de)	ороиши нохунхои пой	[oroiʃi noχunhoi poj]

cosmetica tasje (het)	косметичка	[kosmetitʃka]
poeder (de/het)	сафеда	[safeda]
poederdoos (de)	қуттии упо	[qutti:i upo]
rouge (de)	сурхӣ	[surχi:]

eau de toilet (de)	атр	[atr]
lotion (de)	оби мушкин	[obi muʃkin]
eau de cologne (de)	атр	[atr]

oogschaduw (de)	тен барои пилкхои чашм	[ten baroi pilkhoi tʃaʃm]
oogpotlood (het)	қалами чашм	[qalami tʃaʃm]
mascara (de)	туш барои мижахо	[tuʃ baroi miʒaho]
lippenstift (de)	лабсурхкунак	[labsurχkunak]
nagellak (de)	лаки нохун	[laki noχun]

| haarlak (de) | лаки мӯйсар | [laki mœjsar] |
| deodorant (de) | дезодорант | [dezodorant] |

crème (de)	крем, равгани рӯй	[krem], [ravʁani rœj]
gezichtscrème (de)	креми рӯй	[kremi rœj]
handcrème (de)	креми даст	[kremi dast]
antirimpelcrème (de)	креми зиддиожанг	[kremi ziddioʒang]
dagcrème (de)	креми рӯзона	[kremi rœzona]
nachtcrème (de)	креми шабона	[kremi ʃabona]
dag- (abn)	рӯзона, ~и рӯз	[rœzona], [~i rœz]
nacht- (abn)	шабона, ... и шаб	[ʃabona], [i ʃab]

tampon (de)	тампон	[tampon]
toiletpapier (het)	когази хоҷатхона	[koʁazi χodʒatχona]
föhn (de)	мӯхушккунак	[mœχuʃkkunak]

40. Horloges. Klokken

polshorloge (het)	соати дастӣ	[soati dasti:]
wijzerplaat (de)	лавҳаи соат	[lavhai soat]
wijzer (de)	акрабак	[akrabak]
metalen horlogeband (de)	дастпона	[dastpona]
horlogebandje (het)	банди соат	[bandi soat]

batterij (de)	батареяча, батарейка	[batarejatʃa], [batarejka]
leeg zijn (ww)	холӣ шудааст	[χoli: ʃudaast]
batterij vervangen	иваз кардани батаре	[ivaz kardani batare]
voorlopen (ww)	пеш меравад	[peʃ meravad]
achterlopen (ww)	ақиб мондан	[aqib mondan]

wandklok (de)	соати деворӣ	[soati devori:]
zandloper (de)	соати регӣ	[soati regi:]
zonnewijzer (de)	соати офтобӣ	[soati oftobi:]
wekker (de)	соати рӯимизии зангдор	[soati rœimizi:i zangdor]
horlogemaker (de)	соатсоз	[soatsoz]
repareren (ww)	таъмир кардан	[ta'mir kardan]

ALLEDAAGSE ERVARING

41. Geld

geld (het)	пул	[pul]
ruil (de)	мубодила, иваз	[mubodila], [ivaz]
koers (de)	қурб	[qurb]
geldautomaat (de)	банкомат	[bankomat]
muntstuk (de)	танга	[tanga]

dollar (de)	доллар	[dollar]
lire (de)	лираи италиявӣ	[lirai italijavi:]
Duitse mark (de)	маркаи олмонӣ	[markai olmoni:]
frank (de)	франк	[frank]
pond sterling (het)	фунт стерлинг	[funt sterling]
yen (de)	иена	[iena]

schuld (geldbedrag)	қарз	[qarz]
schuldenaar (de)	қарздор	[qarzdor]
uitlenen (ww)	қарз додан	[qarz dodan]
lenen (geld ~)	қарз гирифтан	[qarz giriftan]

bank (de)	банк	[bank]
bankrekening (de)	ҳисоб	[hisob]
storten (ww)	гузарондан	[guzarondan]
op rekening storten	ба суратҳисоб гузарондан	[ba surathisob guzarondan]
opnemen (ww)	аз суратҳисоб гирифтан	[az surathisob giriftan]

kredietkaart (de)	корти кредитӣ	[korti krediti:]
baar geld (het)	пули нақд, нақдина	[puli naqd], [naqdina]
cheque (de)	чек	[ʧek]
een cheque uitschrijven	чек навиштан	[ʧek naviʃtan]
chequeboekje (het)	дафтарчаи чек	[daftarʧai ʧek]

portefeuille (de)	ҳамён	[hamjon]
geldbeugel (de)	ҳамён	[hamjon]
safe (de)	сейф	[sejf]

erfgenaam (de)	меросхӯр	[merosχœr]
erfenis (de)	мерос	[meros]
fortuin (het)	дорой	[doroi:]

huur (de)	иҷора	[idʒora]
huurprijs (de)	ҳаққи манзил	[haqqi manzil]
huren (huis, kamer)	ба иҷора гирифтан	[ba idʒora giriftan]

prijs (de)	нарх	[narχ]
kostprijs (de)	арзиш	[arziʃ]
som (de)	маблағ	[mablaʁ]
uitgeven (geld besteden)	сарф кардан	[sarf kardan]

kosten (mv.)	харч, хазина	[χardʒ], [hazina]
bezuinigen (ww)	сарфа кардан	[sarfa kardan]
zuinig (bn)	сарфакор	[sarfakor]

betalen (ww)	пул додан	[pul dodan]
betaling (de)	пардохт	[pardoχt]
wisselgeld (het)	бақияи пул	[baqijai pul]

belasting (de)	налог, андоз	[nalog], [andoz]
boete (de)	чарима	[dʒarima]
beboeten (bekeuren)	чарима андохтан	[dʒarima andoχtan]

42. Post. Postkantoor

postkantoor (het)	почта	[potʃta]
post (de)	почта	[potʃta]
postbode (de)	хаткашон	[χatkaʃon]
openingsuren (mv.)	соати корй	[soati kori:]

brief (de)	мактуб	[maktub]
aangetekende brief (de)	хати супоришй	[χati suporiʃi:]
briefkaart (de)	руқъа	[ruq'a]
telegram (het)	барқия	[barqija]
postpakket (het)	равонак	[ravonak]
overschrijving (de)	пули фиристодашуда	[puli firistodaʃuda]

ontvangen (ww)	гирифтан	[giriftan]
sturen (zenden)	ирсол кардан	[irsol kardan]
verzending (de)	ирсол	[irsol]

adres (het)	адрес, унвон	[adres], [unvon]
postcode (de)	индекси почта	[indeksi potʃta]
verzender (de)	ирсолкунанда	[irsolkunanda]
ontvanger (de)	гиранда	[giranda]

| naam (de) | ном | [nom] |
| achternaam (de) | фамилия | [familija] |

tarief (het)	таърифа	[ta'rifa]
standaard (bn)	муқаррарй	[muqarrari:]
zuinig (bn)	камхарч	[kamχardʒ]

gewicht (het)	вазн	[vazn]
afwegen (op de weegschaal)	баркашидан	[barkaʃidan]
envelop (de)	конверт	[konvert]
postzegel (de)	марка	[marka]
een postzegel plakken op	марка часпонидан	[marka tʃasponidan]

43. Bankieren

| bank (de) | банк | [bank] |
| bankfiliaal (het) | шӯъба | [ʃœ'ba] |

| bankbediende (de) | мушовир | [muʃovir] |
| manager (de) | идоракунанда | [idorakunanda] |

bankrekening (de)	ҳисоб	[hisob]
rekeningnummer (het)	рақами суратҳисоб	[raqami surathisob]
lopende rekening (de)	ҳисоби ҷорӣ	[hisobi dʒori:]
spaarrekening (de)	суратҳисоби ҷамъшаванда	[surathisobi dʒam'ʃavanda]

een rekening openen	суратҳисоб кушодан	[surathisob kuʃodan]
de rekening sluiten	бастани суратҳисоб	[bastani surathisob]
op rekening storten	ба суратҳисоб гузарондан	[ba surathisob guzarondan]
opnemen (ww)	аз суратҳисоб гирифтан	[az surathisob giriftan]

storting (de)	амонат	[amonat]
een storting maken	маблағ гузоштан	[mablaʁ guzoʃtan]
overschrijving (de)	интиқоли маблағ	[intiqoli mablaʁ]
een overschrijving maken	интиқол додан	[intiqol dodan]

| som (de) | маблағ | [mablaʁ] |
| Hoeveel? | Чӣ қадар? | [tʃi: qadar] |

| handtekening (de) | имзо | [imzo] |
| ondertekenen (ww) | имзо кардан | [imzo kardan] |

kredietkaart (de)	корти кредитӣ	[korti krediti:]
code (de)	рамз, код	[ramz], [kod]
kredietkaartnummer (het)	рақами корти кредитӣ	[raqami korti krediti:]
geldautomaat (de)	банкомат	[bankomat]

cheque (de)	чек	[tʃek]
een cheque uitschrijven	чек навиштан	[tʃek naviʃtan]
chequeboekje (het)	дафтарчаи чек	[daftartʃai tʃek]

lening, krediet (de)	қарз	[qarz]
een lening aanvragen	барои кредит мурочиат кардан	[baroi kredit murodʒiat kardan]
een lening nemen	кредит гирифтан	[kredit giriftan]
een lening verlenen	кредит додан	[kredit dodan]
garantie (de)	кафолат, замонат	[kafolat], [zamonat]

44. Telefoon. Telefoongesprek

telefoon (de)	телефон	[telefon]
mobieltje (het)	телефони мобилӣ	[telefoni mobili:]
antwoordapparaat (het)	худчавобгӯ	[χuddʒavobgœ]

| bellen (ww) | телефон кардан | [telefon kardan] |
| belletje (telefoontje) | занг | [zang] |

een nummer draaien	гирифтани рақамҳо	[giriftani raqamho]
Hallo!	алло, ҳа	[allo], [ha]
vragen (ww)	пурсидан	[pursidan]
antwoorden (ww)	чавоб додан	[dʒavob dodan]

horen (ww)	шунидан	[ʃunidan]
goed (bw)	хуб, нағз	[χub], [naʁz]
slecht (bw)	бад	[bad]
storingen (mv.)	садоҳои бегона	[sadohoi begona]

hoorn (de)	гӯшак	[giːʃak]
opnemen (ww)	бардоштани гӯшак	[bardoʃtani gœʃak]
ophangen (ww)	мондани гӯшак	[mondani gœʃak]

bezet (bn)	банд	[band]
overgaan (ww)	занг задан	[zang zadan]
telefoonboek (het)	китоби телефон	[kitobi telefon]

lokaal (bn)	маҳаллӣ	[mahalliː]
lokaal gesprek (het)	занги маҳаллӣ	[zangi mahalliː]
interlokaal (bn)	байнишаҳрӣ	[bajniʃahriː]
interlokaal gesprek (het)	занги байнишаҳрӣ	[zangi bajniʃahriː]
buitenlands (bn)	байналхалқӣ	[bajnalχalqiː]

45. Mobiele telefoon

mobieltje (het)	телефони мобилӣ	[telefoni mobiliː]
scherm (het)	дисплей	[displej]
toets, knop (de)	тугмача	[tugmatʃa]
simkaart (de)	сим-корт	[sim-kort]

batterij (de)	батарея	[batareja]
leeg zijn (ww)	бе заряд шудан	[be zarjad ʃudan]
acculader (de)	асбоби барқпуркунанда	[asbobi barqpurkunanda]

menu (het)	меню	[menju]
instellingen (mv.)	соз кардан	[soz kardan]
melodie (beltoon)	оҳанг	[ohang]
selecteren (ww)	интихоб кардан	[intiχob kardan]

rekenmachine (de)	ҳисобкунак	[hisobkunak]
voicemail (de)	худчавобгӯ	[χudd͡ʒavobgœ]
wekker (de)	соати рӯимизии зангдор	[soati rœimiziːi zangdor]
contacten (mv.)	китоби телефон	[kitobi telefon]

| SMS-bericht (het) | СМС-хабар | [sms-χabar] |
| abonnee (de) | муштарӣ | [muʃtariː] |

46. Schrijfbehoeften

| balpen (de) | ручкаи саққочадор | [rutʃkai saqqotʃador] |
| vulpen (de) | парқалам | [parqalam] |

potlood (het)	қалам	[qalam]
marker (de)	маркер	[marker]
viltstift (de)	фломастер	[flomaster]
notitieboekje (het)	блокнот, дафтари ёддошт	[bloknot], [daftari joddoʃt]

agenda (boekje)	рӯзнома	[rœznoma]
liniaal (de/het)	чадвал	[dʒadval]
rekenmachine (de)	ҳисобкунак	[hisobkunak]
gom (de)	ластик	[lastik]
punaise (de)	кнопка	[knopka]
paperclip (de)	скрепка	[skrepka]
lijm (de)	елим, шилм	[elim], [ʃilm]
nietmachine (de)	степлер	[stepler]
potloodslijper (de)	чарх	[tʃarχ]

47. Vreemde talen

taal (de)	забон	[zabon]
vreemd (bn)	хоричӣ	[χoridʒi:]
vreemde taal (de)	забони хоричӣ	[zaboni χoridʒi:]
leren (bijv. van buiten ~)	омӯхтан	[omœχtan]
studeren (Nederlands ~)	омӯхтан	[omœχtan]
lezen (ww)	хондан	[χondan]
spreken (ww)	гап задан	[gap zadan]
begrijpen (ww)	фаҳмидан	[fahmidan]
schrijven (ww)	навиштан	[naviʃtan]
snel (bw)	босуръат	[bosur'at]
langzaam (bw)	оҳиста	[ohista]
vloeiend (bw)	озодона	[ozodona]
regels (mv.)	қоидаҳо	[qoidaho]
grammatica (de)	грамматика	[grammatika]
vocabulaire (het)	лексика	[leksika]
fonetiek (de)	савтиёт	[savtijot]
leerboek (het)	китоби дарсӣ	[kitobi darsi:]
woordenboek (het)	луғат	[luʁat]
leerboek (het) voor zelfstudie	худомӯз	[χudomœz]
taalgids (de)	сӯҳбатнома	[sœhbatnoma]
cassette (de)	кассета	[kasseta]
videocassette (de)	видеокассета	[videokasseta]
CD (de)	CD, диски компактӣ	[ɔɛ], [diski kompakti:]
DVD (de)	DVD-диск	[ɛøɛ-disk]
alfabet (het)	алифбо	[alifbo]
spellen (ww)	ҳарфакӣ гап задан	[harfaki: gap zadan]
uitspraak (de)	талаффуз	[talaffuz]
accent (het)	зада, аксент	[zada], [aksent]
met een accent (bw)	бо аксент	[bo aksent]
zonder accent (bw)	бе аксент	[be aksent]
woord (het)	калима	[kalima]
betekenis (de)	маънй, маъно	[ma'ni:], [ma'no]
cursus (de)	курсҳо, дарсҳо	[kursho], [darsho]

| zich inschrijven (ww) | дохил шудан | [doχil ʃudan] |
| leraar (de) | муаллим | [muallim] |

vertaling (een ~ maken)	тарҷума	[tardʒuma]
vertaling (tekst)	тарҷума	[tardʒuma]
vertaler (de)	тарҷумон	[tardʒumon]
tolk (de)	тарҷумон	[tardʒumon]

| polyglot (de) | забондон | [zabondon] |
| geheugen (het) | хофиза | [hofiza] |

MAALTIJDEN. RESTAURANT

48. Tafelschikking

lepel (de)	қошуқ	[qoʃuq]
mes (het)	корд	[kord]
vork (de)	чангча, чангол	[tʃangtʃa], [tʃangol]
kopje (het)	косача	[kosatʃa]
bord (het)	тақсимча	[taqsimtʃa]
schoteltje (het)	тақсимӣ, тақсимича	[taqsimi:], [taqsimitʃa]
servet (het)	салфетка	[salfetka]
tandenstoker (de)	дандонковак	[dandonkovak]

49. Restaurant

restaurant (het)	тарабхона	[tarabχona]
koffiehuis (het)	қаҳвахона	[qahvaχona]
bar (de)	бар	[bar]
tearoom (de)	чойхона	[tʃojχona]
kelner, ober (de)	пешхизмат	[peʃχizmat]
serveerster (de)	пешхизмат	[peʃχizmat]
barman (de)	бармен	[barmen]
menu (het)	меню	[menju]
wijnkaart (de)	рӯйхати шаробҳо	[rœjχati ʃarobho]
een tafel reserveren	банд кардани миз	[band kardani miz]
gerecht (het)	таом	[taom]
bestellen (eten ~)	супориш додан	[suporiʃ dodan]
een bestelling maken	фармоиш додан	[farmoiʃ dodan]
aperitief (de/het)	аперитив	[aperitiv]
voorgerecht (het)	хӯриш, газак	[χœriʃ], [gazak]
dessert (het)	десерт	[desert]
rekening (de)	ҳисоб	[hisob]
de rekening betalen	пардохт кардан	[pardoχt kardan]
wisselgeld teruggeven	бақия додан	[baqija dodan]
fooi (de)	чойпулӣ	[tʃojpuli:]

50. Maaltijden

eten (het)	хӯрок, таом	[χœrok], [taom]
eten (ww)	хӯрдан	[χœrdan]
ontbijt (het)	ношта	[noniʃta]

ontbijten (ww)	ноништа кардан	[noniʃta kardan]
lunch (de)	хӯроки пешин	[χœroki peʃin]
lunchen (ww)	хӯроки пешин хӯрдан	[χœroki peʃin χœrdan]
avondeten (het)	шом	[ʃom]
souperen (ww)	хӯроки шом хӯрдан	[χœroki ʃom χœrdan]

eetlust (de)	иштихо	[iʃtiho]
Eet smakelijk!	ош шавад!	[oʃ ʃavad]

openen (een fles ~)	кушодан	[kuʃodan]
morsen (koffie, enz.)	резондан	[rezondan]
zijn gemorst	рехтан	[reχtan]

koken (water kookt bij 100°C)	ҷӯшидан	[dʒœʃidan]
koken (Hoe om water te ~)	ҷӯшондан	[dʒœʃondan]
gekookt (~ water)	ҷӯшомада	[dʒœʃomada]
afkoelen (koeler maken)	хунук кардан	[χunuk kardan]
afkoelen (koeler worden)	хунук шудан	[χunuk ʃudan]

smaak (de)	маза, таъм	[maza], [ta'm]
nasmaak (de)	таъм	[ta'm]

volgen een dieet	хароб шудан	[χarob ʃudan]
dieet (het)	диета	[dieta]
vitamine (de)	витамин	[vitamin]
calorie (de)	калория	[kalorija]
vegetariër (de)	гӯштнахӯранда	[gœʃtnaχœranda]
vegetarisch (bn)	бегӯшт	[begœʃt]

vetten (mv.)	равган	[ravʁan]
eiwitten (mv.)	сафедахо	[safedaho]
koolhydraten (mv.)	карбогидратхо	[karbogidratho]

snede (de)	тилим, порча	[tilim], [portʃa]
stuk (bijv. een ~ taart)	порча	[portʃa]
kruimel (de)	резгӣ	[rezgi:]

51. Bereide gerechten

gerecht (het)	таом	[taom]
keuken (bijv. Franse ~)	таомхо	[taomho]
recept (het)	ретсепт	[retsept]
portie (de)	навола	[navola]

salade (de)	салат	[salat]
soep (de)	шӯрбо	[ʃœrbo]

bouillon (de)	булён	[buljon]
boterham (de)	бутерброд	[buterbrod]
spiegelei (het)	тухмбирён	[tuχmbirjon]

hamburger (de)	гамбургер	[gamburger]
biefstuk (de)	бифштекс	[bifʃteks]
garnering (de)	хӯриши таом	[χœriʃi taom]

spaghetti (de)	спагеттй	[spagetti:]
aardappelpuree (de)	пюре	[pjure]
pizza (de)	питса	[pitsa]
pap (de)	шӯла	[ʃœla]
omelet (de)	омлет, тухмбирён	[omlet], [tuχmbirjɔn]

gekookt (in water)	чӯшондашуда	[dʒœʃondaʃuda]
gerookt (bn)	дудхӯрда	[dudχœrda]
gebakken (bn)	бирён	[birjɔn]
gedroogd (bn)	хушк	[χuʃk]
diepvries (bn)	яхкарда	[jaχkarda]
gemarineerd (bn)	дар сирко хобондашуда	[dar sirko χobondaʃuda]

zoet (bn)	ширин	[ʃirin]
gezouten (bn)	шӯр	[ʃœr]
koud (bn)	хунук	[χunuk]
heet (bn)	гарм	[garm]
bitter (bn)	талх	[talχ]
lekker (bn)	бомаза	[bomaza]

koken (in kokend water)	пухтан, чӯшондан	[puχtan], [dʒœʃondan]
bereiden (avondmaaltijd ~)	пухтан	[puχtan]
bakken (ww)	бирён кардан	[birjɔn kardan]
opwarmen (ww)	гарм кардан	[garm kardan]

zouten (ww)	намак андохтан	[namak andoχtan]
peperen (ww)	қаламфур андохтан	[qalamfur andoχtan]
raspen (ww)	тарошидан	[taroʃidan]
schil (de)	пӯст	[pœst]
schillen (ww)	пӯст кандан	[pœst kandan]

52. Voedsel

vlees (het)	гӯшт	[gœʃt]
kip (de)	мурғ	[murʁ]
kuiken (het)	чӯҷа	[ʧœdʒa]
eend (de)	мурғобӣ	[murʁobi:]
gans (de)	қоз, ғоз	[qoz], [ʁoz]
wild (het)	сайди шикор	[sajdi ʃikor]
kalkoen (de)	мурғи марҷон	[murʁi mardʒon]

varkensvlees (het)	гӯшти хук	[gœʃti χuk]
kalfsvlees (het)	гӯшти гӯсола	[gœʃti gœsola]
schapenvlees (het)	гӯшти гӯсфанд	[gœʃti gœsfand]
rundvlees (het)	гӯшти гов	[gœʃti gov]
konijnenvlees (het)	харгӯш	[χargœʃ]

worst (de)	ҳасиб	[hasib]
saucijs (de)	ҳасибча	[hasibtʃa]
spek (het)	бекон	[bekon]
ham (de)	ветчина	[vettʃina]
gerookte achterham (de)	рон	[ron]
paté, pastei (de)	паштет	[paʃtet]
lever (de)	ҷигар	[dʒigar]

gehakt (het)	гӯшти кӯфта	[gœʃti kœfta]
tong (de)	забон	[zabon]
ei (het)	тухм	[tuχm]
eieren (mv.)	тухм	[tuχm]
eiwit (het)	сафедии тухм	[safedi:i tuχm]
eigeel (het)	зардии тухм	[zardi:i tuχm]
vis (de)	моҳӣ	[mohi:]
zeevruchten (mv.)	маҳсулоти баҳрӣ	[mahsuloti bahri:]
schaaldieren (mv.)	буғумпойҳо	[buʁumpojho]
kaviaar (de)	тухми моҳӣ	[tuχmi mohi:]
krab (de)	харчанг	[χartʃang]
garnaal (de)	креветка	[krevetka]
oester (de)	садафак	[sadafak]
langoest (de)	лангуст	[langust]
octopus (de)	ҳаштпо	[haʃtpo]
inktvis (de)	калмар	[kalmar]
steur (de)	гӯшти тосмоҳӣ	[gœʃti tosmohi:]
zalm (de)	озодмоҳӣ	[ozodmohi:]
heilbot (de)	палтус	[paltus]
kabeljauw (de)	равғанмоҳӣ	[ravʁanmohi:]
makreel (de)	зағӯтамоҳӣ	[zaʁœtamohi:]
tonijn (de)	самак	[samak]
paling (de)	мормоҳӣ	[mormohi:]
forel (de)	гулмоҳӣ	[gulmohi:]
sardine (de)	саморис	[samoris]
snoek (de)	шӯртан	[ʃœrtan]
haring (de)	шӯрмоҳӣ	[ʃœrmohi:]
brood (het)	нон	[non]
kaas (de)	панир	[panir]
suiker (de)	шакар	[ʃakar]
zout (het)	намак	[namak]
rijst (de)	биринҷ	[birindʒ]
pasta (de)	макарон	[makaron]
noedels (mv.)	угро	[ugro]
boter (de)	равғани маска	[ravʁani maska]
plantaardige olie (de)	равғани пок	[ravʁani pok]
zonnebloemolie (de)	равғани офтобпараст	[ravʁani oftobparast]
margarine (de)	маргарин	[margarin]
olijven (mv.)	зайтун	[zajtun]
olijfolie (de)	равғани зайтун	[ravʁani zajtun]
melk (de)	шир	[ʃir]
gecondenseerde melk (de)	ширқиём	[ʃirqijɔm]
yoghurt (de)	йогурт	[jɔgurt]
zure room (de)	қаймок	[qajmok]
room (de)	қаймоқ	[qajmoq]

mayonaise (de)	майонез	[majɔnez]
crème (de)	крем	[krem]

graan (het)	ярма	[jarma]
meel (het), bloem (de)	орд	[ord]
conserven (mv.)	консерв	[konserv]

maïsvlokken (mv.)	бадроқи чуворимакка	[badroqi dʒuvorimakka]
honing (de)	асал	[asal]
jam (de)	чем	[dʒem]
kauwgom (de)	сақич, илқ	[saqitʃ], [ilq]

53. Drankjes

water (het)	об	[ob]
drinkwater (het)	оби нӯшиданӣ	[obi nœʃidani:]
mineraalwater (het)	оби минералӣ	[obi minerali:]

zonder gas	бе газ	[be gaz]
koolzuurhoudend (bn)	газнок	[gaznok]
bruisend (bn)	газдор	[gazdor]
IJs (het)	ях	[jaχ]
met ijs	бо ях, яхдор	[bo jaχ], [jaχdor]

alcohol vrij (bn)	беалкогол	[bealkogol]
alcohol vrije drank (de)	нӯшокии беалкогол	[nœʃoki:i bealkogol]
frisdrank (de)	нӯшокии хунук	[nœʃoki:i χunuk]
limonade (de)	лимонад	[limonad]

alcoholische dranken (mv.)	нӯшокиҳои спиртӣ	[nœʃokihoi spirti:]
wijn (de)	шароб, май	[ʃarob], [maj]
witte wijn (de)	маи ангури сафед	[mai anguri safed]
rode wijn (de)	маи арғувонӣ	[mai arʁuvoni:]

likeur (de)	ликёр	[likjɔr]
champagne (de)	шампан	[ʃampan]
vermout (de)	вермут	[vermut]

whisky (de)	виски	[viski]
wodka (de)	арақ, водка	[araq], [vodka]
gin (de)	чин	[dʒin]
cognac (de)	коняк	[konjak]
rum (de)	ром	[rom]

koffie (de)	қаҳва	[qahva]
zwarte koffie (de)	қаҳваи сиёҳ	[qahvai sijɔh]
koffie (de) met melk	ширқаҳва	[ʃirqahva]
cappuccino (de)	капучино	[kaputʃino]
oploskoffie (de)	қаҳваи кӯфта	[qahvai kœfta]

melk (de)	шир	[ʃir]
cocktail (de)	коктейл	[koktejl]
milkshake (de)	коктейли ширӣ	[koktejli ʃiri:]
sap (het)	шарбат	[ʃarbat]

tomatensap (het)	шираи помидор	[ʃirai pomidor]
sinaasappelsap (het)	афшураи афлесун	[afʃurai aflesun]
vers geperst sap (het)	афшураи тоза тайёршуда	[afʃurai toza tajjorʃuda]

bier (het)	пиво	[pivo]
licht bier (het)	оби ҷави шафоф	[obi ʤavi ʃafof]
donker bier (het)	оби ҷави торик	[obi ʤavi torik]

thee (de)	чой	[tʃoj]
zwarte thee (de)	чойи сиёҳ	[tʃoji sijoh]
groene thee (de)	чои кабуд	[tʃoi kabud]

54. Groenten

| groenten (mv.) | сабзавот | [sabzavot] |
| verse kruiden (mv.) | сабзавот | [sabzavot] |

tomaat (de)	помидор	[pomidor]
augurk (de)	бодиринг	[bodiring]
wortel (de)	сабзӣ	[sabzi:]
aardappel (de)	картошка	[kartoʃka]
ui (de)	пиёз	[pijɔz]
knoflook (de)	сир	[sir]

| kool (de) | карам | [karam] |
| bloemkool (de) | гулкарам | [gulkaram] |

| spruitkool (de) | карами брусселӣ | [karami brusseli:] |
| broccoli (de) | карами брокколӣ | [karami brokkoli:] |

rode biet (de)	лаблабу	[lablabu]
aubergine (de)	бодинҷон	[bodinʤon]
courgette (de)	таррак	[tarrak]

| pompoen (de) | каду | [kadu] |
| raap (de) | шалғам | [ʃalʁam] |

peterselie (de)	ҷаъфарӣ	[ʤa'fari:]
dille (de)	шибит	[ʃibit]
sla (de)	коху	[kohu]
selderij (de)	карафс	[karafs]

| asperge (de) | морчӯба | [mortʃœba] |
| spinazie (de) | испаноқ | [ispanoq] |

| erwt (de) | нахӯд | [naxœd] |
| bonen (mv.) | лӯбиё | [lœbijɔ] |

| maïs (de) | чувбримакка | [ʤuvorimakka] |
| boon (de) | лӯбиё | [lœbijɔ] |

peper (de)	қаламфур	[qalamfur]
radijs (de)	шалғамча	[ʃalʁamtʃa]
artisjok (de)	анганор	[anganor]

55. Vruchten. Noten

vrucht (de)	мева	[meva]
appel (de)	себ	[seb]
peer (de)	мурӯд, нок	[murœd], [nok]
citroen (de)	лиму	[limu]
sinaasappel (de)	афлесун, пӯртахол	[aflesun], [pœrtaχol]
aardbei (de)	қулфинай	[qulfinaj]
mandarijn (de)	норанг	[norang]
pruim (de)	олу	[olu]
perzik (de)	шафтолу	[ʃaftolu]
abrikoos (de)	дарахти зардолу	[daraχti zardolu]
framboos (de)	тамашк	[tamaʃk]
ananas (de)	ананас	[ananas]
banaan (de)	банан	[banan]
watermeloen (de)	тарбуз	[tarbuz]
druif (de)	ангур	[angur]
zure kers (de)	олуболу	[olubolu]
zoete kers (de)	гелос	[gelos]
grapefruit (de)	норинҷ	[norindʒ]
avocado (de)	авокадо	[avokado]
papaja (de)	папайя	[papajja]
mango (de)	анбаҳ	[anbah]
granaatappel (de)	анор	[anor]
rode bes (de)	коти сурх	[koti surχ]
zwarte bes (de)	қоти сиёҳ	[qoti sijɔh]
kruisbes (de)	бектоши	[bektoʃi:]
bosbes (de)	черника	[tʃernika]
braambes (de)	марминҷон	[marmindʒon]
rozijn (de)	мавиз	[maviz]
vijg (de)	анҷир	[andʒir]
dadel (de)	хурмо	[χurmo]
pinda (de)	финдуки заминӣ	[finduki zamini:]
amandel (de)	бодом	[bodom]
walnoot (de)	чормағз	[tʃormaʁz]
hazelnoot (de)	финдиқ	[findiq]
kokosnoot (de)	норгил	[norgil]
pistaches (mv.)	писта	[pista]

56. Brood. Snoep

suikerbakkerij (de)	маҳсулоти қанноди	[mahsuloti qannodi]
brood (het)	нон	[non]
koekje (het)	кулчақанд	[kultʃaqand]
chocolade (de)	шоколад	[ʃokolad]
chocolade- (abn)	... и шоколад, шоколадӣ	[i ʃokolad], [ʃokoladi:]

snoepje (het)	конфет	[konfet]
cakeje (het)	пирожни	[piroʒni]
taart (bijv. verjaardags~)	торт	[tort]

| pastei (de) | пирог | [pirog] |
| vulling (de) | пур кардани, андохтани | [pur kardani], [andoχtani] |

confituur (de)	мураббо	[murabbo]
marmelade (de)	мармалод	[marmalod]
wafel (de)	вафлӣ	[vafli:]
IJsje (het)	яхмос	[jaχmos]
pudding (de)	пудинг	[puding]

57. Kruiden

zout (het)	намак	[namak]
gezouten (bn)	шӯр	[ʃœr]
zouten (ww)	намак андохтан	[namak andoχtan]

zwarte peper (de)	мурчи сиёх	[murtʃi sijɔh]
rode peper (de)	мурчи сурх	[murtʃi surχ]
mosterd (de)	хардал	[χardal]
mierikswortel (de)	қаҳзак	[qahzak]

condiment (het)	хӯриш	[χœriʃ]
specerij , kruiderij (de)	дорувор	[doruvor]
saus (de)	қайла	[qajla]
azijn (de)	сирко	[sirko]

anijs (de)	тухми бодиён	[tuχmi bodijɔn]
basilicum (de)	нозбӯй, райҳон	[nozbœj], [rajhon]
kruidnagel (de)	қаланфури гардан	[qalanfuri gardan]
gember (de)	занҷабил	[zandʒabil]
koriander (de)	кашнич	[kaʃnidʒ]
kaneel (de/het)	дорчин, долчин	[dortʃin], [doltʃin]

sesamzaad (het)	кунҷид	[kundʒid]
laurierblad (het)	барги ғор	[bargi ʁor]
paprika (de)	қаламфур	[qalamfur]
komijn (de)	зира	[zira]
saffraan (de)	заъфарон	[za'faron]

PERSOONLIJKE INFORMATIE. FAMILIE

58. Persoonlijke informatie. Formulieren

naam (de)	ном	[nom]
achternaam (de)	фамилия	[familija]
geboortedatum (de)	рӯзи таваллуд	[rœzi tavallud]
geboorteplaats (de)	ҷойи таваллуд	[dʒoji tavallud]
nationaliteit (de)	миллият	[millijat]
woonplaats (de)	ҷои истиқомат	[dʒoi istiqomat]
land (het)	кишвар	[kiʃvar]
beroep (het)	касб	[kasb]
geslacht (ov. het vrouwelijk ~)	ҷинс	[dʒins]
lengte (de)	қад	[qad]
gewicht (het)	вазн	[vazn]

59. Familieleden. Verwanten

moeder (de)	модар	[modar]
vader (de)	падар	[padar]
zoon (de)	писар	[pisar]
dochter (de)	духтар	[duχtar]
jongste dochter (de)	духтари хурдӣ	[duχtari χurdi:]
jongste zoon (de)	писари хурдӣ	[pisari χurdi:]
oudste dochter (de)	духтари калонӣ	[duχtari kaloni:]
oudste zoon (de)	писари калонӣ	[pisari kaloni:]
broer (de)	бародар	[barodar]
oudere broer (de)	ака	[aka]
jongere broer (de)	додар	[dodar]
zuster (de)	хоҷар	[χohar]
oudere zuster (de)	апа	[apa]
jongere zuster (de)	хоҷари хурд	[χohari χurd]
neef (zoon van oom, tante)	амакписар (ама-, таѓо-, хола-)	[amakpisar] ([ama], [taʁo], [χola])
nicht (dochter van oom, tante)	амакдухтар (ама-, таѓо-, хола-)	[amakduχtar] ([ama], [taʁo], [χola])
mama (de)	модар, оча	[modar], [otʃa]
papa (de)	дада	[dada]
ouders (mv.)	волидайн	[volidajn]
kind (het)	кӯдак	[kœdak]
kinderen (mv.)	бачагон, кӯдакон	[batʃagon], [kœdakon]

oma (de)	модаркалон, онакалон	[modarkalon], [onakalon]
opa (de)	бобо	[bobo]
kleinzoon (de)	набера	[nabera]
kleindochter (de)	набера	[nabera]
kleinkinderen (mv.)	набераҳо	[naberaho]

oom (de)	таѓо, амак	[taʁo], [amak]
tante (de)	хола, амма	[χola], [amma]
neef (zoon van broer, zus)	чиян	[dʒijan]
nicht (dochter van broer ,zus)	чиян	[dʒijan]

schoonmoeder (de)	модарарӯс	[modararœs]
schoonvader (de)	падаршӯй	[padarʃœj]
schoonzoon (de)	почо, язна	[potʃo], [jazna]
stiefmoeder (de)	модарандар	[modarandar]
stiefvader (de)	падарандар	[padarandar]

zuigeling (de)	бачаи ширмак	[batʃai ʃirmak]
wiegenkind (het)	кӯдаки ширмак	[kœdaki ʃirmak]
kleuter (de)	писарча, кӯдак	[pisartʃa], [kœdak]

vrouw (de)	зан	[zan]
man (de)	шавҳар, шӯй	[ʃavhar], [ʃœj]
echtgenoot (de)	завҷ	[zavdʒ]
echtgenote (de)	завҷа	[zavdʒa]

gehuwd (mann.)	зандор	[zandor]
gehuwd (vrouw.)	шавҳардор	[ʃavhardor]
ongehuwd (mann.)	безан	[bezan]
vrijgezel (de)	безан	[bezan]
gescheiden (bn)	чудошудагӣ	[dʒudoʃudagi:]
weduwe (de)	бева, бевазан	[beva], [bevazan]
weduwnaar (de)	бева, занмурда	[beva], [zanmurda]

familielid (het)	хеш	[χeʃ]
dichte familielid (het)	хеши наздик	[χeʃi nazdik]
verre familielid (het)	хеши дур	[χeʃi dur]
familieleden (mv.)	хешу табор	[χeʃu tabor]

wees (weesjongen)	ятимбача	[jatimbatʃa]
wees (weesmeisje)	ятимдухтар	[jatimduχtar]
voogd (de)	васӣ	[vasi:]
adopteren (een jongen te ~)	писар хондан	[pisar χondan]
adopteren (een meisje te ~)	духтарҳонд кардан	[duχtarχond kardan]

60. Vrienden. Collega's

vriend (de)	дӯст, ҷӯра	[dœst], [dʒœra]
vriendin (de)	дугона	[dugona]
vriendschap (de)	дӯстӣ, ҷӯрагӣ	[dœsti:], [dʒœragi:]
bevriend zijn (ww)	дӯстӣ кардан	[dœsti: kardan]

makker (de)	дуст, рафик	[dust], [rafik]
vriendin (de)	шинос	[ʃinos]

partner (de)	**шарик**	[ʃarik]
chef (de)	**сардор**	[sardor]
baas (de)	**сардор**	[sardor]
eigenaar (de)	**соҳиб**	[sohib]
ondergeschikte (de)	**зердаст**	[zerdast]
collega (de)	**ҳамкор**	[hamkor]
kennis (de)	**шинос, ошно**	[ʃinos], [oʃno]
medereiziger (de)	**ҳамроҳ**	[hamroh]
klasgenoot (de)	**ҳамсинф**	[hamsinf]
buurman (de)	**ҳамсоя**	[hamsoja]
buurvrouw (de)	**ҳамсоязан**	[hamsojazan]
buren (mv.)	**ҳамсояҳо**	[hamsojaho]

MENSELIJK LICHAAM. GENEESKUNDE

61. Hoofd

hoofd (het)	сар	[sar]
gezicht (het)	рӯй	[rœj]
neus (de)	бинӣ	[bini:]
mond (de)	даҳон	[dahon]
oog (het)	чашм, дида	[ʧaʃm], [dida]
ogen (mv.)	чашмон	[ʧaʃmon]
pupil (de)	гавҳараки чашм	[gavharaki ʧaʃm]
wenkbrauw (de)	абрӯ, қош	[abrœ], [qoʃ]
wimper (de)	мижа	[miʒa]
ooglid (het)	пилкҳои чашм	[pilkhoi ʧaʃm]
tong (de)	забон	[zabon]
tand (de)	дандон	[dandon]
lippen (mv.)	лабҳо	[labho]
jukbeenderen (mv.)	устухони рухсора	[ustuχoni ruχsora]
tandvlees (het)	зираи дандон	[zirai dandon]
gehemelte (het)	ком	[kom]
neusgaten (mv.)	сурохии бинӣ	[suroχi:i bini:]
kin (de)	манаҳ	[manah]
kaak (de)	ҷоғ	[ʤoʁ]
wang (de)	рухсор	[ruχsor]
voorhoofd (het)	пешона	[peʃona]
slaap (de)	чакка	[ʧakka]
oor (het)	гӯш	[gœʃ]
achterhoofd (het)	пушти сар	[puʃti sar]
hals (de)	гардан	[gardan]
keel (de)	гулӯ	[gulœ]
haren (mv.)	мӯйи сар	[mœji sar]
kapsel (het)	ороиши мӯйсар	[oroiʃi mœjsar]
haarsnit (de)	ороиши мӯйсар	[oroiʃi mœjsar]
pruik (de)	мӯи ориятӣ	[mœi orijati:]
snor (de)	муйлаб, бурут	[mujlab], [burut]
baard (de)	риш	[riʃ]
dragen (een baard, enz.)	мондан, доштан	[mondan], [doʃtan]
vlecht (de)	кокул	[kokul]
bakkebaarden (mv.)	риши бари рӯй	[riʃi bari rœj]
ros (roodachtig, rossig)	сурхмуй	[surχmuj]
grijs (~ haar)	сафед	[safed]
kaal (bn)	одамсар	[odamsar]
kale plek (de)	тосии сар	[tosi:i sar]

| paardenstaart (de) | думча | [dumtʃa] |
| pony (de) | пича | [pitʃa] |

62. Menselijk lichaam

| hand (de) | панчаи даст | [pandʒai dast] |
| arm (de) | даст | [dast] |

vinger (de)	ангушт	[anguʃt]
teen (de)	чилик, ангушт	[tʃilik], [anguʃt]
duim (de)	нарангушт	[naranguʃt]
pink (de)	ангушти хурд	[anguʃti χurd]
nagel (de)	нохун	[noχun]

vuist (de)	кулак, мушт	[kulak], [muʃt]
handpalm (de)	каф	[kaf]
pols (de)	банди даст	[bandi dast]
voorarm (de)	бозу	[bozu]
elleboog (de)	оринч	[orindʒ]
schouder (de)	китф	[kitf]

been (rechter ~)	по	[po]
voet (de)	панчаи пой	[pandʒai poj]
knie (de)	зону	[zonu]
kuit (de)	соқи по	[soqi po]
heup (de)	миён	[mijɔn]
hiel (de)	пошна	[poʃna]

lichaam (het)	бадан	[badan]
buik (de)	шикам	[ʃikam]
borst (de)	сина	[sina]
borst (de)	сина, пистон	[sina], [piston]
zijde (de)	пахлу	[pahlu]
rug (de)	пушт	[puʃt]
lage rug (de)	камаргох	[kamargoh]
taille (de)	миён	[mijɔn]

navel (de)	ноф	[nof]
billen (mv.)	сурин	[surin]
achterwerk (het)	сурин	[surin]

huidvlek (de)	хол	[χol]
moedervlek (de)	хол	[χol]
tatoeage (de)	вашм	[vaʃm]
litteken (het)	доғи захм	[doʁi zaχm]

63. Ziekten

ziekte (de)	касалй, беморй	[kasali:], [bemori:]
ziek zijn (ww)	бемор будан	[bemor budan]
gezondheid (de)	тандурустй, саломатй	[tandurusti:], [salomati:]
snotneus (de)	зуком	[zukom]

angina (de)	дарди гулӯ	[dardi gulœ]
verkoudheid (de)	шамол хӯрдани	[ʃamol χœrdani]
verkouden raken (ww)	шамол хӯрдан	[ʃamol χœrdan]

bronchitis (de)	бронхит	[bronχit]
longontsteking (de)	варами шуш	[varami ʃuʃ]
griep (de)	грипп	[gripp]

bijziend (bn)	наздикбин	[nazdikbin]
verziend (bn)	дурбин	[durbin]
scheelheid (de)	олусӣ	[olusi:]
scheel (bn)	олус	[olus]
grauwe staar (de)	катаракта	[katarakta]
glaucoom (het)	глаукома	[glaukoma]

beroerte (de)	сактаи майна	[saktai majna]
hartinfarct (het)	инфаркт, сактаи дил	[infarkt], [saktai dil]
myocardiaal infarct (het)	инфаркти миокард	[infarkti miokard]
verlamming (de)	фалаҷ	[faladʒ]
verlammen (ww)	фалаҷ шудан	[faladʒ ʃudan]

allergie (de)	аллергия	[allergija]
astma (de/het)	астма, зиққи нафас	[astma], [zıqqi nafas]
diabetes (de)	диабет	[diabet]

| tandpijn (de) | дарди дандон | [dardi dandon] |
| tandbederf (het) | кариес | [karies] |

diarree (de)	шикамрав	[ʃikamrav]
constipatie (de)	қабзият	[qabzijat]
maagstoornis (de)	вайроншавии меъда	[vajronʃavi:i me'da]
voedselvergiftiging (de)	заҳролудшавӣ	[zahroludʃavi:]
voedselvergiftiging oplopen	заҳролуд шудан	[zahrolud ʃudan]

artritis (de)	артрит	[artrit]
rachitis (de)	рахит, чиллаашӯр	[raχit], [tʃillaaʃœr]
reuma (het)	тарбод	[tarbod]
arteriosclerose (de)	атеросклероз	[ateroskleroz]

gastritis (de)	гастрит	[gastrit]
blindedarmontsteking (de)	варами кӯррӯда	[varami kœrrœda]
galblaasontsteking (de)	холетсистит	[χoletsistit]
zweer (de)	захм	[zaχm]

mazelen (mv.)	сурхча, сурхак	[surχtʃa], [surχak]
rodehond (de)	сурхакон	[surχakon]
geelzucht (de)	зардча, заъфарма	[zardtʃa], [za'farma]
leverontsteking (de)	гепатит, қубод	[gepatit], [qubod]

schizofrenie (de)	маҷзубият	[madʒzubijat]
dolheid (de)	ҳорӣ	[hori:]
neurose (de)	невроз, чунун	[nevroz], [tʃunun]
hersenschudding (de)	зарб хӯрдани майна	[zarb χœrdani majna]

| kanker (de) | саратон | [saraton] |
| sclerose (de) | склероз | [skleroz] |

multiple sclerose (de)	склерози густаришёфта	[sklerozi gustariʃʃɔfta]
alcoholisme (het)	майзадагӣ	[majzadagi:]
alcoholicus (de)	майзада	[majzada]
syfilis (de)	оташак	[otaʃak]
AIDS (de)	СПИД	[spid]

tumor (de)	варам	[varam]
kwaadaardig (bn)	ганда	[ganda]
goedaardig (bn)	безарар	[bezarar]

koorts (de)	табларза, варача	[tablarza], [varadʒa]
malaria (de)	варача	[varadʒa]
gangreen (het)	гангрена	[gangrena]
zeeziekte (de)	касалии баҳр	[kasali:i bahr]
epilepsie (de)	саръ	[sar']

epidemie (de)	эпидемия	[ɛpidemija]
tyfus (de)	арақа, домана	[araqa], [domana]
tuberculose (de)	сил	[sil]
cholera (de)	вабо	[vabo]
pest (de)	тоун	[toun]

64. Symptomen. Behandelingen. Deel 1

symptoom (het)	аломат	[alomat]
temperatuur (de)	ҳарорат, таб	[harorat], [tab]
verhoogde temperatuur (de)	ҳарорати баланд	[harorati baland]
polsslag (de)	набз	[nabz]

duizeling (de)	саргардӣ	[sargardi:]
heet (erg warm)	гарм	[garm]
koude rillingen (mv.)	ларза, варача	[larza], [varadʒa]
bleek (bn)	рангпарида	[rangparida]

hoest (de)	сулфа	[sulfa]
hoesten (ww)	сулфидан	[sulfidan]
niezen (ww)	атса задан	[atsa zadan]
flauwte (de)	беҳушӣ	[behuʃi:]
flauwvallen (ww)	беҳуш шудан	[behuʃ ʃudan]

blauwe plek (de)	доғи кабуд, кабудӣ	[doʁi kabud], [kabudi:]
buil (de)	ғуррӣ	[ʁurri:]
zich stoten (ww)	зада шудан	[zada ʃudan]
kneuzing (de)	лат	[lat]
kneuzen (gekneusd zijn)	лату кӯб хӯрдан	[latu kœb χœrdan]

hinken (ww)	лангидан	[langidan]
verstuiking (de)	баромадан	[baromadan]
verstuiken (enkel, enz.)	баровардан	[barovardan]
breuk (de)	шикасти устухон	[ʃikasti ustuχon]
een breuk oplopen	устухон шикастан	[ustuχon ʃikastan]

| snijwond (de) | буриш | [buriʃ] |
| zich snijden (ww) | буридан | [buridan] |

bloeding (de)	хунравӣ	[χunravi:]
brandwond (de)	сӯхта	[sœχta]
zich branden (ww)	сӯзондан	[sœzondan]

prikken (ww)	халондан	[χalondan]
zich prikken (ww)	халидан	[χalidan]
blesseren (ww)	осеб дидан	[oseb didan]
blessure (letsel)	захм	[zaχm]
wond (de)	захм, реш	[zaχm], [reʃ]
trauma (het)	захм	[zaχm]

IJlen (ww)	алой гуфтан	[aloi: guftan]
stotteren (ww)	тутила шудан	[tutila ʃudan]
zonnesteek (de)	офтобзанӣ	[oftobzani:]

65. Symptomen. Behandelingen. Deel 2

| pijn (de) | дард | [dard] |
| splinter (de) | хор, зиреба | [χor], [zireba] |

zweet (het)	арақ	[araq]
zweten (ww)	арақ кардан	[araq kardan]
braking (de)	қайкунӣ	[qajkuni:]
stuiptrekkingen (mv.)	рагкашӣ	[ragkaʃi:]

zwanger (bn)	ҳомила	[homila]
geboren worden (ww)	таваллуд шудан	[tavallud ʃudan]
geboorte (de)	зоиш	[zoiʃ]
baren (ww)	зоидан	[zoidan]
abortus (de)	аборт, бачапартой	[abort], [batʃapartoi:]

inademing (de)	нафасгирӣ	[nafasgiri:]
uitademing (de)	нафасбарорӣ	[nafasbarori:]
uitademen (ww)	нафас баровардаи	[nafas barovardai]
inademen (ww)	нафас кашидан	[nafas kaʃidan]

invalide (de)	инвалид	[invalid]
gehandicapte (de)	маъюб	[ma'jub]
drugsverslaafde (de)	нашъаманд	[naʃ'amand]

doof (bn)	кар, гӯшкар	[kar], [gœʃkar]
stom (bn)	гунг	[gung]
doofstom (bn)	кару гунг	[karu gung]

krankzinnig (bn)	девона	[devona]
krankzinnige (man)	девона	[devona]
krankzinnige (vrouw)	девона	[devona]
krankzinnig worden	аз ақл бегона шудан	[az aql begona ʃudan]

gen (het)	ген	[gen]
immuniteit (de)	сироятнопазирӣ	[sirojatnopaziri:]
erfelijk (bn)	меросӣ, ирсӣ	[merosi:], [irsi:]
aangeboren (bn)	модарзод	[modarzod]
virus (het)	вирус	[virus]

microbe (de)	микроб	[mikrob]
bacterie (de)	бактерия	[bakterija]
infectie (de)	сироят	[sirojat]

66. Symptomen. Behandelingen. Deel 3

| ziekenhuis (het) | касалхона | [kasalχona] |
| patiënt (de) | бемор | [bemor] |

diagnose (de)	ташхиси касалй	[taʃχisi kasali:]
genezing (de)	муолича	[muolidʒa]
medische behandeling (de)	табобат	[tabobat]
onder behandeling zijn	табобат гирифтан	[tabobat giriftan]
behandelen (ww)	табобат кардан	[tabobat kardan]
zorgen (zieken ~)	нигохубин кардан	[nigohubin kardan]
ziekenzorg (de)	нигохубин	[nigohubin]

operatie (de)	чаррохи	[dʒarrohi]
verbinden (een arm ~)	бо бандина бастан	[bo bandina bastan]
verband (het)	чарохатбандй	[dʒarohatbandi:]

vaccin (het)	доругузаронй	[doruguzaroni:]
inenten (vaccineren)	эмгузаронй кардан	[ɛmguzaroni: kardan]
injectie (de)	сӯзанзанй	[sœzanzani:]
een injectie geven	сӯзандору кардан	[sœzandoru kardan]

aanval (de)	хуруч	[χurudʒ]
amputatie (de)	ампутатсия	[amputatsija]
amputeren (ww)	ампутатсия кардан	[amputatsija kardan]
coma (het)	кома, игмо	[koma], [igmo]
in coma liggen	дар кома будан	[dar koma budan]
intensieve zorg, ICU (de)	шӯъбаи эхё	[ʃœ'bai ɛhjo]

zich herstellen (ww)	сихат шудан	[sihat ʃudan]
toestand (de)	ахвол	[ahvol]
bewustzijn (het)	хуш	[huʃ]
geheugen (het)	хофиза	[hofiza]

trekken (een kies ~)	кандан	[kandan]
vulling (de)	пломба	[plomba]
vullen (ww)	пломба занондан	[plomba zanondan]

| hypnose (de) | гипноз | [gipnoz] |
| hypnotiseren (ww) | гипноз кардан | [gipnoz kardan] |

67. Geneeskunde. Medicijnen. Accessoires

geneesmiddel (het)	дору	[doru]
middel (het)	дору	[doru]
voorschrijven (ww)	таъйин кардан	[ta'jin kardan]
recept (het)	нусхаи даво	[nusχai davo]
tablet (de/het)	хаб	[hab]

zalf (de)	марҳам	[marham]
ampul (de)	ампул	[ampul]
drank (de)	доруи обакӣ	[dorui obaki:]
siroop (de)	сироп	[sirop]
pil (de)	ҳаб	[hab]
poeder (de/het)	хока	[xoka]
verband (het)	дока	[doka]
watten (mv.)	пахта	[paxta]
jodium (het)	йод	[jod]
pleister (de)	лейкопластир	[lejkoplastir]
pipet (de)	қатрачакон	[qatratʃakon]
thermometer (de)	ҳароратсанҷ	[haroratsandʒ]
spuit (de)	обдуздак	[obduzdak]
rolstoel (de)	аробачаи маъюбӣ	[arobatʃai ma'jubi:]
krukken (mv.)	бағаласо	[baʁalaso]
pijnstiller (de)	доруи дард	[dorui dard]
laxeermiddel (het)	мусҳил	[mushil]
spiritus (de)	спирт	[spirt]
medicinale kruiden (mv.)	растаниҳои доругӣ	[rastanihoi dorugi:]
kruiden- (abn)	... и алаф	[i alaf]

APPARTEMENT

68. Appartement

appartement (het)	манзил	[manzil]
kamer (de)	хона, ӯтоқ	[χona], [œtoq]
slaapkamer (de)	хонаи хоб	[χonai χob]
eetkamer (de)	хонаи хӯрокхӯрӣ	[χonai χœrokχœri:]
salon (de)	меҳмонхона	[mehmonχona]
studeerkamer (de)	уток	[utoq]
gang (de)	мадхал, даҳлез	[madχal], [dahlez]
badkamer (de)	ваннахона	[vannaχona]
toilet (het)	ҳоҷатхона	[hoʤatχona]
plafond (het)	шифт	[ʃift]
vloer (de)	фарш	[farʃ]
hoek (de)	кунҷ	[kunʤ]

69. Meubels. Interieur

meubels (mv.)	мебел	[mebel]
tafel (de)	миз	[miz]
stoel (de)	курсӣ	[kursi:]
bed (het)	кат	[kat]
bankstel (het)	диван	[divan]
fauteuil (de)	курсӣ	[kursi:]
boekenkast (de)	чевони китобмонӣ	[ʤevoni kitobmoni:]
boekenrek (het)	раф, рафча	[raf], [raftʃa]
kledingkast (de)	чевони либос	[ʤevoni libos]
kapstok (de)	либосовезак	[libosovezak]
staande kapstok (de)	либосовезак	[libosovezak]
commode (de)	чевон	[ʤevon]
salontafeltje (het)	мизи қаҳва	[mizi qahva]
spiegel (de)	оина	[oina]
tapijt (het)	гилем, қолин	[gilem], [qolin]
tapijtje (het)	гилемча	[gilemtʃa]
haard (de)	оташдон	[otaʃdon]
kaars (de)	шамъ	[ʃam']
kandelaar (de)	шамъдон	[ʃam'don]
gordijnen (mv.)	парда	[parda]
behang (het)	зардеворӣ	[zardevori:]

jaloezie (de)	жалюзи	[ʒaljuzi]
bureaulamp (de)	чароғи мизӣ	[tʃaroʁi mizi:]
wandlamp (de)	чароғак	[tʃaroʁak]
staande lamp (de)	торшер	[torʃer]
luchter (de)	қандил	[qandil]
poot (ov. een tafel, enz.)	поя	[poja]
armleuning (de)	оринҷмонаки курсӣ	[orindʒmonaki kursi:]
rugleuning (de)	пуштаки курсӣ	[puʃtaki kursi:]
la (de)	ғаладон	[ʁaladon]

70. Beddengoed

beddengoed (het)	чилдхои болишту бистар	[dʒildhoi boliʃtu bistar]
kussen (het)	болишт	[boliʃt]
kussenovertrek (de)	чилди болишт	[dʒildi boliʃt]
deken (de)	кӯрпа	[koerpa]
laken (het)	чойпӯш	[dʒojpœʃ]
sprei (de)	болопӯш	[bolopœʃ]

71. Keuken

keuken (de)	ошхона	[oʃχona]
gas (het)	газ	[gaz]
gasfornuis (het)	плитаи газ	[plitai gaz]
elektrisch fornuis (het)	плитаи электрикӣ	[plitai ɛlektriki:]
magnetronoven (de)	микроволновка	[mikrovolnovka]
koelkast (de)	яхдон	[jaχdon]
diepvriezer (de)	яхдон	[jaχdon]
vaatwasmachine (de)	мошини зарфшӯй	[moʃini zarfʃœj]
vleesmolen (de)	мошини гӯшткӯбӣ	[moʃini gœʃtkœbi:]
vruchtenpers (de)	шарбатафшурак	[ʃarbatafʃurak]
toaster (de)	тостер	[toster]
mixer (de)	миксер	[mikser]
koffiemachine (de)	қаҳвачӯшонак	[qahvadʒœʃonak]
koffiepot (de)	зарфи қаҳвачӯшонӣ	[zarfi qahvadʒœʃoni:]
koffiemolen (de)	дастоси қаҳва	[dastosi qahva]
fluitketel (de)	чойник	[tʃojnik]
theepot (de)	чойник	[tʃojnik]
deksel (de/het)	сарпӯш	[sarpœʃ]
theezeefje (het)	ғалберча	[ʁalbertʃa]
lepel (de)	қошуқ	[qoʃuq]
theelepeltje (het)	чойкошук	[tʃojkoʃuk]
eetlepel (de)	қошуқи ошхӯрӣ	[qoʃuqi oʃχœri:]
vork (de)	чангча, чангол	[tʃangtʃa], [tʃangol]
mes (het)	корд	[kord]
vaatwerk (het)	табақ	[tabaq]

| bord (het) | тақсимча | [taqsimʧa] |
| schoteltje (het) | тақсимӣ, тақсимича | [taqsimi:], [taqsimiʧa] |

likeurglas (het)	рюмка	[rjumka]
glas (het)	стакан	[stakan]
kopje (het)	косача	[kosaʧa]

suikerpot (de)	шакардон	[ʃakardon]
zoutvat (het)	намакдон	[namakdon]
pepervat (het)	қаламфурдон	[qalamfurdon]
boterschaaltje (het)	равғандон	[ravʁandon]

steelpan (de)	дегча	[degʧa]
bakpan (de)	тоба	[toba]
pollepel (de)	кафлез, обгардон, сархумӣ	[kaflez], [obgardon], [sarχumi:]
dienblad (het)	лаълӣ	[la'li:]

fles (de)	шиша, суроҳӣ	[ʃiʃa], [surohi:]
glazen pot (de)	банкаи шишагӣ	[bankai ʃiʃagi:]
blik (conserven~)	банкаи тунукагӣ	[bankai tunukagi:]

flesopener (de)	саркушояк	[sarkuʃojak]
blikopener (de)	саркушояк	[sarkuʃojak]
kurkentrekker (de)	пӯккашак	[pœkkaʃak]
filter (de/het)	филтр	[filtr]
filteren (ww)	полоидан	[poloidan]

| huisvuil (het) | ахлот | [aχlot] |
| vuilnisemmer (de) | сатили ахлот | [satili aχlot] |

72. Badkamer

badkamer (de)	ваннахона	[vannaχona]
water (het)	об	[ob]
kraan (de)	чуммак, мил	[ʤummak], [mil]
warm water (het)	оби гарм	[obi garm]
koud water (het)	оби сард	[obi sard]

tandpasta (de)	хамираи дандон	[χamirai dandon]
tanden poetsen (ww)	дандон шустан	[dandon ʃustan]
tandenborstel (de)	чӯткаи дандоншӯй	[ʧœtkai dandonʃœi:]

zich scheren (ww)	риш гирифтан	[riʃ giriftan]
scheercrème (de)	кафки ришгирӣ	[kafki riʃgiri:]
scheermes (het)	ришгирак	[riʃgirak]

wassen (ww)	шустан	[ʃustan]
een bad nemen	шустушӯ кардан	[ʃustuʃœ kardan]
een douche nemen	ба душ даромадан	[ba duʃ daromadan]

bad (het)	ванна	[vanna]
toiletpot (de)	нишастгоҳи халочо	[niʃastgohi χaloʤo]
wastafel (de)	дастшӯяк	[dastʃœjak]

zeep (de)	собун	[sobun]
zeepbakje (het)	собундон	[sobundon]

spons (de)	исфанч	[isfandʒ]
shampoo (de)	шампун	[ʃampun]
handdoek (de)	сачоқ	[satʃoq]
badjas (de)	халат	[χalat]

was (bijv. handwas)	чомашӯй	[dʒomaʃœi:]
wasmachine (de)	мошини чомашӯй	[moʃini dʒomaʃœi:]
de was doen	чомашӯй кардан	[dʒomaʃœi: kardan]
waspoeder (de)	хокаи чомашӯй	[χokai dʒomaʃœi:]

73. Huishoudelijke apparaten

televisie (de)	телевизор	[televizor]
cassettespeler (de)	магнитафон	[magnitafon]
videorecorder (de)	видеомагнитафон	[videomagnitafon]
radio (de)	радио	[radio]
speler (de)	плеер	[pleer]

videoprojector (de)	видеопроектор	[videoproektor]
home theater systeem (het)	кинотеатри хонагӣ	[kinoteatri χonagi:]
DVD-speler (de)	DVD-монак	[εøε-monak]
versterker (de)	қувватафзо	[quvvatafzo]
spelconsole (de)	плейстейшн	[plejstejʃn]

videocamera (de)	видеокамера	[videokamera]
fotocamera (de)	фотоаппарат	[fotoapparat]
digitale camera (de)	суратгираки рақамӣ	[suratgiraki raqami:]

stofzuiger (de)	чангкашак	[tʃangkaʃak]
strijkijzer (het)	дарзмол	[darzmol]
strijkplank (de)	тахтаи дарзмолкунӣ	[taχtai darzmolkuni:]

telefoon (de)	телефон	[telefon]
mobieltje (het)	телефони мобилӣ	[telefoni mobili:]
schrijfmachine (de)	мошинаи хатнависӣ	[moʃinai χatnavisi:]
naaimachine (de)	мошинаи чокдӯзӣ	[moʃinai tʃokdœzi:]

microfoon (de)	микрофон	[mikrofon]
koptelefoon (de)	гӯшак, гӯшпӯшак	[gœʃak], [gœʃpœʃak]
afstandsbediening (de)	пулт	[pult]

CD (de)	компакт-диск	[kompakt-disk]
cassette (de)	кассета	[kasseta]
vinylplaat (de)	пластинка	[plastinka]

DE AARDE. WEER

74. De kosmische ruimte

kosmos (de)	кайҳон	[kajhon]
kosmisch (bn)	... и кайҳон	[i kajhon]
kosmische ruimte (de)	фазои кайҳон	[fazoi kajhon]
wereld (de)	ҷаҳон	[dʒahon]
heelal (het)	коинот	[koinot]
sterrenstelsel (het)	галактика	[galaktika]
ster (de)	ситора	[sitora]
sterrenbeeld (het)	бурҷ	[burdʒ]
planeet (de)	сайёра	[sajjora]
satelliet (de)	радиф	[radif]
meteoriet (de)	метеорит, шиҳобпора	[meteorit], [ʃihobpora]
komeet (de)	ситораи думдор	[sitorai dumdor]
asteroïde (de)	астероид	[asteroid]
baan (de)	мадор	[mador]
draaien (om de zon, enz.)	давр задан	[davr zadan]
atmosfeer (de)	атмосфера	[atmosfera]
Zon (de)	Офтоб	[oftob]
zonnestelsel (het)	манзумаи шамсӣ	[manzumai ʃamsi:]
zonsverduistering (de)	гирифтани офтоб	[giriftani oftob]
Aarde (de)	Замин	[zamin]
Maan (de)	Моҳ	[moh]
Mars (de)	Миррих	[mirriχ]
Venus (de)	Зӯҳра, Ноҳид	[zœhra], [nohid]
Jupiter (de)	Муштарӣ	[muʃtari:]
Saturnus (de)	Кайвон	[kajvon]
Mercurius (de)	Уторид	[utorid]
Uranus (de)	Уран	[uran]
Neptunus (de)	Нептун	[neptun]
Pluto (de)	Плутон	[pluton]
Melkweg (de)	Роҳи Каҳкашон	[rohi kahkaʃon]
Grote Beer (de)	Дубби Акбар	[dubbi akbar]
Poolster (de)	Ситораи қутбӣ	[sitorai qutbi:]
marsmannetje (het)	миррихӣ	[mirriχi:]
buitenaards wezen (het)	инопланетянхо	[inoplanetjanho]
bovenaards (het)	махлуқи кайҳонӣ	[maχluqi: kajhoni:]
vliegende schotel (de)	табақи парвозкунанда	[tabaqi parvozkunanda]
ruimtevaartuig (het)	киштии кайҳонӣ	[kiʃti:i kajhoni:]

ruimtestation (het)	**стантсияи мадорй**	[stantsijai madori:]
start (de)	**оғоз**	[oʁoz]
motor (de)	**муҳаррик**	[muharrik]
straalpijp (de)	**сопло**	[soplo]
brandstof (de)	**сӯзишворй**	[sœziʃvori:]
cabine (de)	**кабина**	[kabina]
antenne (de)	**антенна**	[antenna]
patrijspoort (de)	**иллюминатор**	[illjuminator]
zonnebatterij (de)	**батареи офтобй**	[batarei oftobi:]
ruimtepak (het)	**скафандр**	[skafandr]
gewichtloosheid (de)	**бевазнй**	[bevazni:]
zuurstof (de)	**оксиген**	[oksigen]
koppeling (de)	**пайваст**	[pajvast]
koppeling maken	**пайваст кардан**	[pajvast kardan]
observatorium (het)	**расадхона**	[rasadχona]
telescoop (de)	**телескоп**	[teleskop]
waarnemen (ww)	**мушоҳида кардан**	[muʃohida kardan]
exploreren (ww)	**таҳқиқ кардан**	[tahqiq kardan]

75. De Aarde

Aarde (de)	**Замин**	[zamin]
aardbol (de)	**кураи замин**	[kurai zamin]
planeet (de)	**сайёра**	[sajjɔra]
atmosfeer (de)	**атмосфера**	[atmosfera]
aardrijkskunde (de)	**география**	[geografija]
natuur (de)	**табиат**	[tabiat]
wereldbol (de)	**глобус**	[globus]
kaart (de)	**харита**	[χarita]
atlas (de)	**атлас**	[atlas]
Azië (het)	**Осиё**	[osijɔ]
Afrika (het)	**Африқо**	[afriqɔ]
Australië (het)	**Австралия**	[avstralija]
Amerika (het)	**Америка**	[amerika]
Noord-Amerika (het)	**Америкаи Шимолй**	[amerikai ʃimoli:]
Zuid-Amerika (het)	**Америкаи Ҷанубй**	[amerikai dʒanubi:]
Antarctica (het)	**Антарктида**	[antarktida]
Arctis (de)	**Арктика**	[arktika]

76. Windrichtingen

noorden (het)	**шимол**	[ʃimol]
naar het noorden	**ба шимол**	[ba ʃimol]

| in het noorden | дар шимол | [dar ʃimol] |
| noordelijk (bn) | шимолӣ, ... и шимол | [ʃimoli:], [i ʃimol] |

zuiden (het)	ҷануб	[dʒanub]
naar het zuiden	ба ҷануб	[ba dʒanub]
in het zuiden	дар ҷануб	[dar dʒanub]
zuidelijk (bn)	ҷанубӣ, ... и ҷануб	[dʒanubi:], [i dʒanub]

westen (het)	ғарб	[ʁarb]
naar het westen	ба ғарб	[ba ʁarb]
in het westen	дар ғарб	[dar ʁarb]
westelijk (bn)	ғарбӣ, ... и ғарб	[ʁarbi:], [i ʁarb]

oosten (het)	шарқ	[ʃarq]
naar het oosten	ба шарқ	[ba ʃarq]
in het oosten	дар шарқ	[dar ʃarq]
oostelijk (bn)	шарқӣ	[ʃarqi:]

77. Zee. Oceaan

zee (de)	баҳр	[bahr]
oceaan (de)	уқёнус	[uqjɔnus]
golf (baai)	халиҷ	[xalidʒ]
straat (de)	гулӯгоҳ	[gulœgoh]

| grond (vaste grond) | хушкӣ, замин | [xuʃki:], [zamin] |
| continent (het) | материк, қитъа | [materik], [qit'a] |

eiland (het)	ҷазира	[dʒazira]
schiereiland (het)	нимҷазира	[nimdʒazira]
archipel (de)	галаҷазира	[galadʒazira]

baai, bocht (de)	халиҷ	[xalidʒ]
haven (de)	бандар	[bandar]
lagune (de)	лагуна	[laguna]
kaap (de)	димоға	[dimoʁa]

atol (de)	атолл	[atoll]
rif (het)	харсанги зериобӣ	[xarsangi zeriobi:]
koraal (het)	марҷон	[mardʒon]
koraalrif (het)	обсанги марҷонӣ	[obsangi mardʒoni:]

diep (bn)	чуқур	[tʃuqur]
diepte (de)	чуқурӣ	[tʃuquri:]
diepzee (de)	қаър	[qa'r]
trog (bijv. Marianentrog)	чуқурӣ	[tʃuquri:]

| stroming (de) | ҷараён | [dʒarajɔn] |
| omspoelen (ww) | шустан | [ʃustan] |

oever (de)	соҳил, соҳили баҳр	[sohil], [sohili bahr]
kust (de)	соҳил	[sohil]
vloed (de)	мадд	[madd]
eb (de)	ҷазр	[dʒazr]

| ondiepte (ondiep water) | пастоб | [pastob] |
| bodem (de) | қаър | [qa'r] |

golf (hoge ~)	мавҷ	[mavʤ]
golfkam (de)	теғаи мавҷ	[teʁai mavʤ]
schuim (het)	кафк	[kafk]

storm (de)	тӯфон, бӯрои	[tœfon], [bœroi]
orkaan (de)	тундбод	[tundbod]
tsunami (de)	сунами	[sunami]
windstilte (de)	сукунати ҳаво	[sukunati havo]
kalm (bijv. ~e zee)	ором	[orom]

| pool (de) | қутб | [qutb] |
| polair (bn) | қутбӣ | [qutbi:] |

breedtegraad (de)	арз	[arz]
lengtegraad (de)	тӯл	[tœl]
parallel (de)	параллел	[parallel]
evenaar (de)	хати истиво	[χati istivo]

hemel (de)	осмон	[osmon]
horizon (de)	уфуқ	[ufuq]
lucht (de)	ҳаво	[havo]

vuurtoren (de)	мино	[mino]
duiken (ww)	ғӯта задан	[ʁœta zadan]
zinken (ov. een boot)	ғарқ шудан	[ʁarq ʃudan]
schatten (mv.)	ганҷ	[ganʤ]

78. Namen van zeeën en oceanen

Atlantische Oceaan (de)	Уқёнуси Атлантик	[uqjɔnusi atlantik]
Indische Oceaan (de)	Уқёнуси Ҳинд	[uqjɔnusi hind]
Stille Oceaan (de)	Уқёнуси Ором	[uqjɔnusi orom]
Noordelijke IJszee (de)	Уқёнуси яхбастаи шимолӣ	[uqjɔnusi jaχbastai ʃimoli:]

Zwarte Zee (de)	Баҳри Сиёҳ	[bahri sijɔh]
Rode Zee (de)	Баҳри Сурх	[bahri surχ]
Gele Zee (de)	Баҳри Зард	[bahri zard]
Witte Zee (de)	Баҳри Сафед	[bahri safed]

Kaspische Zee (de)	Баҳри Хазар	[bahri χazar]
Dode Zee (de)	Баҳри Майит	[bahri majit]
Middellandse Zee (de)	Баҳри Миёназамин	[bahri mijɔnazamin]

| Egeïsche Zee (de) | Баҳри Эгей | [bahri ɛgej] |
| Adriatische Zee (de) | Баҳри Адриатика | [bahri adriatika] |

Arabische Zee (de)	Баҳри Араби	[bahri aravi]
Japanse Zee (de)	Баҳри Ҷопон	[bahri ʤopon]
Beringzee (de)	Баҳри Беринг	[bahri bering]
Zuid-Chinese Zee (de)	Баҳри Хитойи Ҷанубӣ	[bahri χitoji ʤanubi:]
Koraalzee (de)	Баҳри Марҷон	[bahri marʤon]

| Tasmanzee (de) | Баҳри Тасман | [bahri tasman] |
| Caribische Zee (de) | Баҳри Кариб | [bahri karib] |

| Barentszzee (de) | Баҳри Баренс | [bahri barens] |
| Karische Zee (de) | Баҳри Кара | [bahri kara] |

Noordzee (de)	Баҳри Шимолӣ	[bahri ʃimoli:]
Baltische Zee (de)	Баҳри Балтика	[bahri baltika]
Noorse Zee (de)	Баҳри Норвегия	[bahri norvegija]

79. Bergen

berg (de)	кӯҳ	[kœh]
bergketen (de)	силсилакӯҳ	[silsilakœh]
gebergte (het)	қаторкӯҳ	[qatorkœh]

bergtop (de)	қулла	[kulla]
bergpiek (de)	қулла	[qulla]
voet (ov. de berg)	доманаи кӯҳ	[domanai kœh]
helling (de)	нишебӣ	[niʃebi:]

vulkaan (de)	вулқон	[vulqon]
actieve vulkaan (de)	вулқони амалкунанда	[vulqoni amalkunanda]
uitgedoofde vulkaan (de)	вулқони хомӯшшуда	[vulqoni χomœʃʃuda]

uitbarsting (de)	оташфишонӣ	[otaʃfiʃoni:]
krater (de)	танӯра	[tanœra]
magma (het)	магма, тафта	[magma], [tafta]
lava (de)	гудоза	[gudoza]
gloeiend (~e lava)	тафта	[tafta]

kloof (canyon)	оббурда, дара	[obburda], [dara]
bergkloof (de)	дара	[dara]
spleet (de)	тангно	[tangno]
afgrond (de)	партгоҳ	[partgoh]

bergpas (de)	ағба	[aʁba]
plateau (het)	пуштаи кӯҳ	[puʃtai kœh]
klip (de)	шух	[ʃuχ]
heuvel (de)	теппа	[teppa]

gletsjer (de)	пирях	[pirjaχ]
waterval (de)	шаршара	[ʃarʃara]
geiser (de)	гейзер	[gejzer]
meer (het)	кул	[kul]

vlakte (de)	ҳамворӣ	[hamvori:]
landschap (het)	манзара	[manzara]
echo (de)	акси садо	[aksi sado]

alpinist (de)	кӯҳнавард	[kœhnavard]
bergbeklimmer (de)	шухпаймо	[ʃuχpajmo]
trotseren (berg ~)	фатҳ кардан	[fath kardan]
beklimming (de)	болобарой	[bolobaroi:]

80. Bergen namen

Alpen (de)	Кӯҳҳои Алп	[kœhhoi alp]
Mont Blanc (de)	Монблан	[monblan]
Pyreneeën (de)	Кӯҳҳои Пиреней	[kœhhoi pirenej]
Karpaten (de)	Кӯҳҳои Карпат	[kœhhoi karpat]
Oeralgebergte (het)	Кӯҳҳои Урал	[kœhhoi ural]
Kaukasus (de)	Кӯҳҳои Кавказ	[kœhhoi kavkaz]
Elbroes (de)	Елбруз	[elbruz]
Altaj (de)	Алтай	[altaj]
Tiensjan (de)	Тиёншон	[tijɔnʃon]
Pamir (de)	Кӯҳҳои Помир	[kœhhoi pomir]
Himalaya (de)	Ҳимолой	[himoloj]
Everest (de)	Эверест	[ɛverest]
Andes (de)	Кӯҳҳои Анд	[kœhhoi and]
Kilimanjaro (de)	Килиманчаро	[kilimandʒaro]

81. Rivieren

rivier (de)	дарё	[darjɔ]
bron (~ van een rivier)	чашма	[tʃaʃma]
rivierbedding (de)	мачрои дарё	[madʒroi darjɔ]
rivierbekken (het)	ҳавза	[havza]
uitmonden in ...	рехтан ба ...	[reχtan ba]
zijrivier (de)	шохоб	[ʃoχob]
oever (de)	соҳил	[sohil]
stroming (de)	чараён	[dʒarajɔn]
stroomafwaarts (bw)	мувофиқи рафти об	[muvofiqi rafti ob]
stroomopwaarts (bw)	муқобили самти об	[muqobili samti ob]
overstroming (de)	обхезӣ	[obχezi:]
overstroming (de)	обхез	[obχez]
buiten zijn oevers treden	дамидан	[damidan]
overstromen (ww)	зер кардан	[zer kardan]
zandbank (de)	тунукоба	[tunukoba]
stroomversnelling (de)	мавчрез	[mavdʒrez]
dam (de)	сарбанд	[sarband]
kanaal (het)	канал	[kanal]
spaarbekken (het)	обанбор	[obanbor]
sluis (de)	шлюз	[ʃljuz]
waterlichaam (het)	обанбор	[obanbor]
moeras (het)	ботлоқ, ботқоқ	[botloq], [botqoq]
broek (het)	ботлоқ	[botloq]
draaikolk (de)	гирдоб	[girdob]
stroom (de)	чӯй	[dʒœj]

| drink- (abn) | нӯшиданй | [nœʃidani:] |
| zoet (~ water) | ширин | [ʃirin] |

| IJs (het) | ях | [jaχ] |
| bevriezen (rivier, enz.) | ях бастан | [jaχ bastan] |

82. Namen van rivieren

| Seine (de) | Сена | [sena] |
| Loire (de) | Луара | [luara] |

Theems (de)	Темза	[temza]
Rijn (de)	Рейн	[rejn]
Donau (de)	Дунай	[dunaj]

Wolga (de)	Волга	[volga]
Don (de)	Дон	[don]
Lena (de)	Лена	[lena]

Gele Rivier (de)	Хуанхе	[χuanχe]
Blauwe Rivier (de)	Янсзи	[janszi]
Mekong (de)	Меконг	[mekong]
Ganges (de)	Ганга	[ganga]

Nijl (de)	Нил	[nil]
Kongo (de)	Конго	[kongo]
Okavango (de)	Окаванго	[okavango]
Zambezi (de)	Замбези	[zambezi]
Limpopo (de)	Лимпопо	[limpopo]
Mississippi (de)	Миссисипи	[missisipi]

83. Bos

| bos (het) | чангал | [dʒangal] |
| bos- (abn) | чангалй | [dʒangali:] |

oerwoud (dicht bos)	чангалзор	[dʒangalzor]
bosje (klein bos)	дарахтзор	[daraχtzor]
open plek (de)	чаман	[tʃaman]

| struikgewas (het) | буттазор | [buttazor] |
| struiken (mv.) | буттазор | [buttazor] |

| paadje (het) | пайраха | [pajraha] |
| ravijn (het) | оббурда | [obburda] |

boom (de)	дарахт	[daraχt]
blad (het)	барг	[barg]
gebladerte (het)	баргхои дарахт	[barghoi daraχt]

| vallende bladeren (mv.) | баргрезй | [bargrezi:] |
| vallen (ov. de bladeren) | рехтан | [reχtan] |

boomtop (de)	нӯг	[nœg]
tak (de)	шох, шохча	[ʃɔχ], [ʃɔχtʃa]
ent (de)	шохи дарахг	[ʃɔχi daraχg]
knop (de)	муғча	[muʁdʒa]
naald (de)	сӯзан	[sœzan]
dennenappel (de)	чалғӯза	[dʒalʁœza]

boom holte (de)	сӯрохи дарахт	[sœroχi daraχt]
nest (het)	ошёна, лона	[oʃɔna], [lona]
hol (het)	хона	[χona]

stam (de)	тана	[tana]
wortel (bijv. boom~s)	реша	[reʃa]
schors (de)	пӯсти дарахт	[pœsti daraχt]
mos (het)	ушна	[uʃna]

ontwortelen (een boom)	реша кофтан	[reʃa koftan]
kappen (een boom ~)	зада буридан	[zada buridan]
ontbossen (ww)	бурида нест кардан	[burida nest kardan]
stronk (de)	кундаи дарахт	[kundai daraχt]

kampvuur (het)	гулхан	[gulχan]
bosbrand (de)	сӯхтор, оташ	[sœχtor], [otaʃ]
blussen (ww)	хомӯш кардан	[χomœʃ kardan]

boswachter (de)	чангалбон	[dʒangalbon]
bescherming (de)	нигоҳбонӣ	[nigohboni:]
beschermen (bijv. de natuur ~)	нигоҳбонӣ кардан	[nigohboni: kardan]
stroper (de)	қӯруқшикан	[qœruqʃikan]
val (de)	қапқон, дом	[qapqon], [dom]

| plukken (vruchten, enz.) | чидан | [tʃidan] |
| verdwalen (de weg kwijt zijn) | роҳ гум кардан | [roh gum kardan] |

84. Natuurlijke hulpbronnen

natuurlijke rijkdommen (mv.)	захираҳои табий	[zaχirahoi tabi:i:]
delfstoffen (mv.)	маъданҳои фоиданок	[ma'danhoi foidanok]
lagen (mv.)	кон, маъдаи	[kon], [ma'dai]
veld (bijv. olie~)	кон	[kon]

winnen (uit erts ~)	кандан	[kandan]
winning (de)	канданӣ	[kandani:]
erts (het)	маъдан	[ma'dan]
mijn (bijv. kolenmijn)	кон	[kon]
mijnschacht (de)	чоҳ	[tʃoh]
mijnwerker (de)	конкан	[konkan]

| gas (het) | газ | [gaz] |
| gasleiding (de) | қубури газ | [quburi gaz] |

| olie (aardolie) | нефт | [neft] |
| olieleiding (de) | қубури нефт | [quburi neft] |

oliebron (de)	чоҳи нафт	[tʃohi naft]
boortoren (de)	бурчи нафткаш	[burdʒi naftkaʃi:]
tanker (de)	танкер	[tanker]

zand (het)	рег	[reg]
kalksteen (de)	оҳаксанг	[ohaksang]
grind (het)	сангреза, шағал	[sangreza], [ʃaʁal]
veen (het)	торф	[torf]
klei (de)	гил	[gil]
steenkool (de)	ангишт	[angiʃt]

IJzer (het)	оҳан	[ohan]
goud (het)	зар, тилло	[zar], [tillo]
zilver (het)	нуқра	[nuqra]
nikkel (het)	никел	[nikel]
koper (het)	мис	[mis]

zink (het)	руҳ	[ruh]
mangaan (het)	манган	[mangan]
kwik (het)	симоб	[simob]
lood (het)	сурб	[surb]

mineraal (het)	минерал, маъдан	[mineral], [ma'dan]
kristal (het)	булӯр, шӯша	[bulœr], [ʃœʃa]
marmer (het)	мармар	[marmar]
uraan (het)	уран	[uran]

85. Weer

weer (het)	обу ҳаво	[obu havo]
weersvoorspelling (de)	пешгӯии ҳаво	[peʃgœi:i havo]
temperatuur (de)	ҳарорат	[harorat]
thermometer (de)	ҳароратсанч	[haroratsandʒ]
barometer (de)	барометр, ҳавосанч	[barometr], [havosandʒ]

vochtig (bn)	намнок	[namnok]
vochtigheid (de)	намй, рутубат	[nami:], [rutubat]

hitte (de)	гармй	[garmi:]
heet (bn)	тафсон	[tafson]
het is heet	ҳаво тафсон аст	[havo tafson ast]

het is warm	ҳаво гарм аст	[havo garm ast]
warm (bn)	гарм	[garm]

het is koud	ҳаво сард аст	[havo sard ast]
koud (bn)	хунук, сард	[χunuk], [sard]

zon (de)	офтоб	[oftob]
schijnen (de zon)	тобидан	[tobidan]
zonnig (~e dag)	… и офтоб	[i oftob]
opgaan (ov. de zon)	баромадан	[baromadan]
ondergaan (ww)	паст шудан	[past ʃudan]
wolk (de)	абр	[abr]

bewolkt (bn)	... и абр, абрӣ	[i abr], [abri:]
regenwolk (de)	абри сиёҳ	[abri sijɔh]
somber (bn)	абрнок	[abrnok]

regen (de)	борон	[boron]
het regent	борон меборад	[boron meborad]
regenachtig (bn)	серборон	[serboron]
motregenen (ww)	сим-сим боридан	[sim-sim boridan]

plensbui (de)	борони сахт	[boroni saχt]
stortbui (de)	борони сел	[boroni sel]
hard (bn)	сахт	[saχt]
plas (de)	кӯлмак	[kœlmak]
nat worden (ww)	шилтиқ шудан	[ʃiltiq ʃudan]

mist (de)	туман	[tuman]
mistig (bn)	... и туман	[i tuman]
sneeuw (de)	барф	[barf]
het sneeuwt	барф меборад	[barf meborad]

86. Zwaar weer. Natuurrampen

noodweer (storm)	раъду барк	[ra'du bark]
bliksem (de)	барқ	[barq]
flitsen (ww)	дурахшидан	[duraχʃidan]

donder (de)	тундар	[tundar]
donderen (ww)	гулдуррос задан	[guldurros zadan]
het dondert	раъд гулдуррос мезанад	[ra'd guldurros mezanad]

| hagel (de) | жола | [ʒola] |
| het hagelt | жола меборад | [ʒola meborad] |

| overstromen (ww) | зер кардан | [zer kardan] |
| overstroming (de) | обхезӣ | [obχezi:] |

aardbeving (de)	заминчунбӣ	[zamindʒunbi:]
aardschok (de)	заминчунбӣ,такон	[zamindʒunbi:,takon]
epicentrum (het)	эпимарказ	[ɛpimarkaz]

| uitbarsting (de) | оташфишонӣ | [otaʃfiʃoni:] |
| lava (de) | гудоза | [gudoza] |

wervelwind (de)	гирдбод	[girdbod]
windhoos (de)	торнадо	[tornado]
tyfoon (de)	тӯфон	[tœfon]

orkaan (de)	тундбод	[tundbod]
storm (de)	тӯфон, бӯрои	[tœfon], [bœroi]
tsunami (de)	сунами	[sunami]

cycloon (de)	сиклон	[siklon]
onweer (het)	ҳавои бад	[havoi bad]
brand (de)	сӯхтор, оташ	[sœχtor], [otaʃ]

| ramp (de) | садама, фалокат | [sadama], [falokat] |
| meteoriet (de) | метеорит, шиҳобпора | [meteorit], [ʃihobpora] |

lawine (de)	тарма	[tarma]
sneeuwverschuiving (de)	тарма	[tarma]
sneeuwjacht (de)	бӯрони барфӣ	[bœroni barfi:]
sneeuwstorm (de)	бӯрон	[bœron]

FAUNA

87. Zoogdieren. Roofdieren

roofdier (het)	**дарранда**	[darranda]
tijger (de)	**бабр, паланг**	[babr], [palang]
leeuw (de)	**шер**	[ʃer]
wolf (de)	**гург**	[gurg]
vos (de)	**рӯбоҳ**	[rœboh]
jaguar (de)	**юзи ало**	[juzi alo]
luipaard (de)	**паланг**	[palang]
jachtluipaard (de)	**юз**	[juz]
panter (de)	**пантера**	[pantera]
poema (de)	**пума**	[puma]
sneeuwluipaard (de)	**шерпаланг**	[ʃerpalang]
lynx (de)	**силовсин**	[silovsin]
coyote (de)	**койот**	[kojot]
jakhals (de)	**шагол**	[ʃagol]
hyena (de)	**кафтор**	[kaftor]

88. Wilde dieren

dier (het)	**ҳайвон**	[hajvon]
beest (het)	**ҳайвони ваҳшӣ**	[hajvoni vahʃi:]
eekhoorn (de)	**санчоб**	[sandʒob]
egel (de)	**хорпушт**	[χorpuʃt]
haas (de)	**заргӯш**	[zargœʃ]
konijn (het)	**харгӯш**	[χargœʃ]
das (de)	**қашқалдоқ**	[qaʃqaldoq]
wasbeer (de)	**енот**	[enot]
hamster (de)	**миримӯшон**	[mirimœʃon]
marmot (de)	**суғур**	[suʁur]
mol (de)	**кӯрмуш**	[kœrmuʃ]
muis (de)	**муш**	[muʃ]
rat (de)	**калламуш**	[kallamuʃ]
vleermuis (de)	**кӯршапарак**	[kœrʃaparak]
hermelijn (de)	**қоқум**	[qoqum]
sabeldier (het)	**самур**	[samur]
marter (de)	**савсор**	[savsor]
wezel (de)	**росу**	[rosu]
nerts (de)	**вашақ**	[vaʃaq]

| bever (de) | кундуз | [kunduz] |
| otter (de) | сагоби | [sagobi] |

paard (het)	асп	[asp]
eland (de)	шоҳгавазн	[ʃohgavazn]
hert (het)	гавазн	[gavazn]
kameel (de)	шутур, уштур	[ʃutur], [uʃtur]

bizon (de)	бизон	[bizon]
oeros (de)	гови ваҳшй	[govi vahʃi:]
buffel (de)	говмеш	[govmeʃ]

zebra (de)	гӯрхар	[gœrχar]
antilope (de)	антилопа, ғизол	[antilopa], [ʁizol]
ree (de)	оху	[ohu]
damhert (het)	оху	[ohu]
gems (de)	нахчир, бузи кӯҳй	[naχtʃir], [buzi kœhi:]
everzwijn (het)	хуки ваҳши	[χuki vahʃi]

walvis (de)	кит, наҳанг	[kit], [nahang]
rob (de)	тюлен	[tjulen]
walrus (de)	морж	[morʒ]
zeehond (de)	гурбаи обй	[gurbai obi:]
dolfijn (de)	делфин	[delfin]

beer (de)	хирс	[χirs]
IJsbeer (de)	хирси сафед	[χirsi safed]
panda (de)	панда	[panda]

aap (de)	маймун	[majmun]
chimpansee (de)	шимпанзе	[ʃimpanze]
orang-oetan (de)	орангутанг	[orangutang]
gorilla (de)	горилла	[gorilla]
makaak (de)	макака	[makaka]
gibbon (de)	гиббон	[gibbon]

olifant (de)	фил	[fil]
neushoorn (de)	карк, каркадан	[kark], [karkadan]
giraffe (de)	заррофа	[zarrofa]
nijlpaard (het)	баҳмут	[bahmut]

| kangoeroe (de) | кенгуру | [kenguru] |
| koala (de) | коала | [koala] |

mangoest (de)	росу	[rosu]
chinchilla (de)	вашақ	[vaʃaq]
stinkdier (het)	скунс	[skuns]
stekelvarken (het)	ҷайра, дугпушт	[dʒajra], [dugpuʃt]

89. Huisdieren

poes (de)	гурба	[gurba]
kater (de)	гурбаи нар	[gurbai nar]
hond (de)	саг	[sag]

paard (het)	асп	[asp]
hengst (de)	айғир, аспи нар	[ajʁir], [aspi nar]
merrie (de)	модиён, байтал	[modijon], [bajtal]

koe (de)	гов	[gov]
stier (de)	барзагов	[barzagov]
os (de)	барзагов	[barzagov]

schaap (het)	меш, гӯсфанд	[meʃ], [gœsfand]
ram (de)	гӯсфанд	[gœsfand]
geit (de)	буз	[buz]
bok (de)	така, серка	[taka], [serka]

| ezel (de) | хар, маркаб | [χar], [markab] |
| muilezel (de) | хачир | [χatʃir] |

varken (het)	хуқ	[χuq]
biggetje (het)	хукбача	[χukbatʃa]
konijn (het)	харгӯш	[χargœʃ]

| kip (de) | мурғ | [murʁ] |
| haan (de) | хурӯс | [χurœs] |

eend (de)	мурғобӣ	[murʁobi:]
woerd (de)	мурғобии нар	[murʁobi:i nar]
gans (de)	қоз, ғоз	[qoz], [ʁoz]

| kalkoen haan (de) | хурӯси мурғи марчон | [χurœsi murʁi mardʒon] |
| kalkoen (de) | мокиёни мурғи марчон | [mokijoni murʁi mardʒon] |

huisdieren (mv.)	ҳайвони хонагӣ	[hajvoni χonagi:]
tam (bijv. hamster)	ромшуда	[romʃuda]
temmen (tam maken)	дастомӯз кардан	[dastomœz kardan]
fokken (bijv. paarden ~)	калон кардан	[kalon kardan]

boerderij (de)	ферма	[ferma]
gevogelte (het)	паррандаи хонагӣ	[parrandai χonagi:]
rundvee (het)	чорво	[tʃorvo]
kudde (de)	пода	[poda]

paardenstal (de)	саисхона, аспхона	[saisχona], [aspχona]
zwijnenstal (de)	хукхона	[χukχona]
koeienstal (de)	оғил, говхона	[oʁil], [govχona]
konijnenhok (het)	харгӯшхона	[χargœʃχona]
kippenhok (het)	мурғхона	[murʁχona]

90. Vogels

vogel (de)	паранда	[paranda]
duif (de)	кафтар	[kaftar]
mus (de)	гунчишк, чумчук	[gundʒiʃk], [tʃumtʃuk]
koolmees (de)	фотимачумчук	[fotimatʃumtʃuq]
ekster (de)	акка	[akka]
raaf (de)	зоғ	[zoʁ]

kraai (de)	зоғи ало	[zoʁi alo]
kauw (de)	зоғча	[zoʁtʃa]
roek (de)	шӯрнӯл	[ʃœrnœl]

eend (de)	мурғобӣ	[murʁobi:]
gans (de)	қоз, ғоз	[qoz], [ʁoz]
fazant (de)	тазарв	[tazarv]

arend (de)	укоб	[ukob]
havik (de)	пайғу	[pajʁu]
valk (de)	боз, шоҳин	[boz], [ʃohin]
gier (de)	каргас	[kargas]
condor (de)	кондор	[kondor]

zwaan (de)	қу	[qu]
kraanvogel (de)	куланг, турна	[kulang], [turna]
ooievaar (de)	лаклак	[laklak]

papegaai (de)	тӯтӣ	[tœti:]
kolibrie (de)	колибри	[kolibri]
pauw (de)	товус	[tovus]

struisvogel (de)	шутурмурғ	[ʃuturmurʁ]
reiger (de)	ҳавосил	[havosil]
flamingo (de)	бутимор	[butimor]
pelikaan (de)	мурғи саққо	[murʁi saqqo]

| nachtegaal (de) | булбул | [bulbul] |
| zwaluw (de) | фароштурук | [faroʃturuk] |

lijster (de)	дуррроч	[durrodʒ]
zanglijster (de)	дуррочи хушхон	[durrodʒi χuʃχon]
merel (de)	дуррочи сиёҳ	[durrodʒi sijoh]

gierzwaluw (de)	досак	[dosak]
leeuwerik (de)	чӯр, чаковак	[dʒœr], [tʃakovak]
kwartel (de)	бедона	[bedona]

koekoek (de)	фохтак	[foχtak]
uil (de)	бум, чуғз	[bum], [dʒuʁz]
oehoe (de)	чуғз	[tʃuʁz]
auerhoen (het)	дуррроч	[durrodʒ]

| korhoen (het) | титав | [titav] |
| patrijs (de) | кабк, каклик | [kabk], [kaklik] |

spreeuw (de)	сор, соч	[sor], [sotʃ]
kanarie (de)	канарейка	[kanarejka]
hazelhoen (het)	рябчик	[rjabtʃik]

| vink (de) | саъва | [sa'va] |
| goudvink (de) | севғар | [sevʁar] |

meeuw (de)	моҳихӯрак	[mohiχœrak]
albatros (de)	уқоби баҳрӣ	[uqobi bahri:]
pinguïn (de)	пингвин	[pingvin]

91. Vis. Zeedieren

brasem (de)	симмоҳӣ	[simmohi:]
karper (de)	капур	[kapur]
baars (de)	аломоҳӣ	[alomohi:]
meerval (de)	лаққамоҳӣ	[laqqamohi:]
snoek (de)	шӯртан	[ʃœrtan]
zalm (de)	озодмоҳӣ	[ozodmohi:]
steur (de)	тосмоҳӣ	[tosmohi:]
haring (de)	шӯрмоҳӣ	[ʃœrmohi:]
atlantische zalm (de)	озодмоҳӣ	[ozodmoχi:]
makreel (de)	зағӯтамоҳӣ	[zaʁœtamohi:]
platvis (de)	камбала	[kambala]
snoekbaars (de)	суфмоҳӣ	[sufmohi:]
kabeljauw (de)	равғанмоҳӣ	[ravʁanmohi:]
tonijn (de)	самак	[samak]
forel (de)	гулмоҳӣ	[gulmohi:]
paling (de)	мормоҳӣ	[mormohi:]
sidderrog (de)	скати барқдор	[skati barqdor]
murene (de)	мурена	[murena]
piranha (de)	пираня	[piranja]
haai (de)	наҳанг	[nahang]
dolfijn (de)	делфин	[delfin]
walvis (de)	кит, наҳанг	[kit], [nahang]
krab (de)	харчанг	[χartʃang]
kwal (de)	медуза	[meduza]
octopus (de)	ҳаштпо	[haʃtpo]
zeester (de)	ситораи баҳрӣ	[sitorai bahri:]
zee-egel (de)	хорпушти баҳрӣ	[χorpuʃti bahri:]
zeepaardje (het)	аспакмоҳӣ	[aspakmohi:]
oester (de)	садафак	[sadafak]
garnaal (de)	креветка	[krevetka]
kreeft (de)	харчанги баҳрӣ	[χartʃangi bahri:]
langoest (de)	лангуст	[langust]

92. Amfibieën. Reptielen

slang (de)	мор	[mor]
giftig (slang)	заҳрдор	[zahrdor]
adder (de)	мори афъӣ	[mori afʼi:]
cobra (de)	мори айнакдор, кӯбро	[mori ajnakdor], [kœbro]
python (de)	мори печон	[mori petʃon]
boa (de)	мори печон	[mori petʃon]
ringslang (de)	мори обӣ	[mori obi:]

| ratelslang (de) | шақшақамор | [ʃaqʃaqamor] |
| anaconda (de) | анаконда | [anakonda] |

hagedis (de)	калтакалос	[kaltakalos]
leguaan (de)	сусмор, игуана	[susmor], [iguana]
varaan (de)	сусмор	[susmor]
salamander (de)	калтакалос	[kaltakalos]
kameleon (de)	бӯқаламун	[bœqalamun]
schorpioen (de)	каждум	[kaʒdum]

schildpad (de)	сангпушт	[sangpuʃt]
kikker (de)	қурбоққа	[qurboqqa]
pad (de)	ғук, қурбоққаи чӯлӣ	[ʁuk], [qurboqqai tʃœli:]
krokodil (de)	тимсоҳ	[timsoh]

93. Insecten

insect (het)	ҳашарот	[haʃarot]
vlinder (de)	шапалак	[ʃapalak]
mier (de)	мӯрча	[mœrtʃa]
vlieg (de)	магас	[magas]
mug (de)	пашша	[paʃʃa]
kever (de)	гамбуск	[gambusk]

wesp (de)	ору	[oru]
bij (de)	занбӯри асал	[zanbœri asal]
hommel (de)	говзанбӯр	[govzanbœr]
horzel (de)	ғурмагас	[ʁurmagas]

| spin (de) | тортанак | [tortanak] |
| spinnenweb (het) | тори тортанак | [tori tortanak] |

libel (de)	сӯзанак	[sœzanak]
sprinkhaan (de)	малах	[malaχ]
nachtvlinder (de)	шапалак	[ʃapalak]

kakkerlak (de)	нонхӯрак	[nonχœrak]
mijt (de)	кана	[kana]
vlo (de)	кайк	[kajk]
kriebelmug (de)	пашша	[paʃʃa]

treksprinkhaan (de)	малах	[malaχ]
slak (de)	тӯкумшуллуқ	[tœkumʃulluq]
krekel (de)	чирчирак	[tʃirtʃirak]
glimworm (de)	шабтоб	[ʃabtob]
lieveheersbeestje (het)	момохолак	[momoχolak]
meikever (de)	гамбуски саврӣ	[gambuski savri:]

bloedzuiger (de)	шуллук	[ʃulluk]
rups (de)	кирм	[kirm]
aardworm (de)	кирм	[kirm]
larve (de)	кирм	[kirm]

FLORA

94. Bomen

boom (de)	дарахт	[daraχt]
loof- (abn)	пахнбарг	[pahnbarg]
dennen- (abn)	... и сӯзанбарг	[i sœzanbarg]
groenblijvend (bn)	хамешасабз	[hameʃasabz]
appelboom (de)	дарахти себ	[daraχti seb]
perenboom (de)	дарахти нок	[daraχti nok]
zoete kers (de)	дарахти гелос	[daraχti gelos]
zure kers (de)	дарахти олуболу	[daraχti olubolu]
pruimelaar (de)	дарахти олу	[daraχti olu]
berk (de)	тӯс	[tœs]
eik (de)	булут	[bulut]
linde (de)	зерфун	[zerfun]
esp (de)	сиёхбед	[sijohbed]
esdoorn (de)	заранг	[zarang]
spar (de)	коч, ел	[koʤ], [el]
den (de)	санавбар	[sanavbar]
lariks (de)	кочи баргрез	[koʤi bargrez]
zilverspar (de)	пихта	[piχta]
ceder (de)	дарахти чалгӯза	[daraχti ʤalʁœza]
populier (de)	сафедор	[safedor]
lijsterbes (de)	губайро	[ʁubajro]
wilg (de)	бед	[bed]
els (de)	роздор	[rozdor]
beuk (de)	бук, олаш	[buk], [olaʃ]
iep (de)	дарахти ларг	[daraχti larg]
es (de)	шумтол	[ʃumtol]
kastanje (de)	шохбулут	[ʃohbulut]
magnolia (de)	магнолия	[magnolija]
palm (de)	нахл	[naχl]
cipres (de)	дарахти сарв	[daraχti sarv]
mangrove (de)	дарахти анбах	[daraχti anbah]
baobab (apenbroodboom)	баобаб	[baobab]
eucalyptus (de)	эвкалипт	[ɛvkalipt]
mammoetboom (de)	секвойя	[sekvojja]

95. Heesters

struik (de)	бутта	[butta]
heester (de)	бутта	[butta]

wijnstok (de)	ток	[tok]
wijngaard (de)	токзор	[tokzor]
frambozenstruik (de)	тамашк	[tamaʃk]
zwarte bes (de)	қоти сиёх	[qoti sijɔh]
rode bessenstruik (de)	коти сурх	[koti surχ]
kruisbessenstruik (de)	бектошй	[bektoʃi:]
acacia (de)	акатсия, ақоқиё	[akatsija], [aqoqijɔ]
zuurbes (de)	буттаи зирк	[buttai zirk]
jasmijn (de)	ёсуман	[jɔsuman]
jeneverbes (de)	арча, ардач	[artʃa], [ardadʒ]
rozenstruik (de)	буттаи гул	[buttai gul]
hondsroos (de)	хуч	[χutʃ]

96. Vruchten. Bessen

vrucht (de)	мева, самар	[meva], [samar]
vruchten (mv.)	меваҳо, самарҳо	[mevaho], [samarho]
appel (de)	себ	[seb]
peer (de)	мурӯд, нок	[murœd], [nok]
pruim (de)	олу	[olu]
aardbei (de)	қулфинай	[qulfinaj]
zure kers (de)	олуболу	[olubolu]
zoete kers (de)	гелос	[gelos]
druif (de)	ангур	[angur]
framboos (de)	тамашк	[tamaʃk]
zwarte bes (de)	қоти сиёх	[qoti sijɔh]
rode bes (de)	коти сурх	[koti surχ]
kruisbes (de)	бектошй	[bektoʃi:]
veenbes (de)	клюква	[kljukva]
sinaasappel (de)	афлесун, пӯртахол	[aflesun], [pœrtaχol]
mandarijn (de)	норанг	[norang]
ananas (de)	ананас	[ananas]
banaan (de)	банан	[banan]
dadel (de)	хурмо	[χurmo]
citroen (de)	лиму	[limu]
abrikoos (de)	дарахти зардолу	[daraχti zardolu]
perzik (de)	шафтолу	[ʃaftolu]
kiwi (de)	кивй	[kivi:]
grapefruit (de)	норинч	[norindʒ]
bes (de)	буттамева	[buttameva]
bessen (mv.)	буттамеваҳо	[buttamevaho]
vossenbes (de)	брусника	[brusnika]
bosaardbei (de)	тути заминй	[tuti zamini:]
bosbes (de)	черника	[tʃernika]

97. Bloemen. Planten

bloem (de)	гул	[gul]
boeket (het)	дастаи гул	[dastai gul]
roos (de)	гул, гули садбарг	[gul], [guli sadbarg]
tulp (de)	лола	[lola]
anjer (de)	гули мехак	[guli meχak]
gladiool (de)	гули ёқут	[guli joqut]
korenbloem (de)	тугмагул	[tugmagul]
klokje (het)	гули момо	[guli momo]
paardenbloem (de)	коқу	[koqu]
kamille (de)	бобуна	[bobuna]
aloë (de)	уд, сабр, алоэ	[ud], [sabr], [aloɛ]
cactus (de)	гули ханҷарӣ	[guli χandʒari:]
ficus (de)	тутанҷир	[tutandʒir]
lelie (de)	савсан	[savsan]
geranium (de)	анҷибар	[andʒibar]
hyacint (de)	сунбул	[sunbul]
mimosa (de)	нозгул	[nozgul]
narcis (de)	наргис	[nargis]
Oostindische kers (de)	настаран	[nastaran]
orchidee (de)	саҳлаб, сӯҳлаб	[sahlab], [sœhlab]
pioenroos (de)	гули ашрафӣ	[guli aʃrafi:]
viooltje (het)	бунафша	[bunafʃa]
driekleurig viooltje (het)	бунафшаи фарангӣ	[bunafʃai farangi:]
vergeet-mij-nietje (het)	марзангӯш	[marzangœʃ]
madeliefje (het)	гули марворидак	[guli marvoridak]
papaver (de)	кӯкнор	[kœknor]
hennep (de)	бангдона, канаб	[bangdona], [kanab]
munt (de)	пудина	[pudina]
lelietje-van-dalen (het)	гули барфак	[guli barfak]
sneeuwklokje (het)	бойчечак	[bojtʃetʃak]
brandnetel (de)	газна	[gazna]
veldzuring (de)	шилха	[ʃilχa]
waterlelie (de)	нилуфари сафед	[nilufari safed]
varen (de)	фарн	[farn]
korstmos (het)	гулсанг	[gulsang]
oranjerie (de)	гулхона	[gulχona]
gazon (het)	чаман, сабзазор	[tʃaman], [sabzazor]
bloemperk (het)	гулзор	[gulzor]
plant (de)	растанӣ	[rastani:]
gras (het)	алаф	[alaf]
grasspriet (de)	хас	[χas]

blad (het)	барг	[barg]
bloemblad (het)	гулбарг	[gulbarg]
stengel (de)	поя	[poja]
knol (de)	бех, дона	[bex], [dona]

scheut (de)	неш	[neʃ]
doorn (de)	хор	[χor]

bloeien (ww)	гул кардан	[gul kardan]
verwelken (ww)	пажмурда шудан	[paʒmurda ʃudan]
geur (de)	бӯй	[bœj]
snijden (bijv. bloemen ~)	буридан	[buridan]
plukken (bloemen ~)	кандан	[kandan]

98. Granen, graankorrels

graan (het)	дона, ғалла	[dona], [ʁalla]
graangewassen (mv.)	растаниҳои ғалладона	[rastanihoi ʁalladona]
aar (de)	хӯша	[χœʃa]

tarwe (de)	гандум	[gandum]
rogge (de)	чавдор	[dʒavdor]
haver (de)	хуртумон	[hurtumon]
gierst (de)	арзан	[arzan]
gerst (de)	чав	[dʒav]

maïs (de)	чуворимакка	[dʒuvorimakka]
rijst (de)	шолй, биринч	[ʃoli:], [birindʒ]
boekweit (de)	марчумак	[mardʒumak]

erwt (de)	нахӯд	[naχœd]
boon (de)	лӯбиё	[lœbijɔ]
soja (de)	соя	[soja]
linze (de)	наск	[nask]
bonen (mv.)	лӯбиё	[lœbijɔ]

LANDEN VAN DE WERELD

99. Landen. Deel 1

Afghanistan (het)	Афғонистон	[afʁoniston]
Albanië (het)	Албания	[albanija]
Argentinië (het)	Аргентина	[argentina]
Armenië (het)	Арманистон	[armaniston]
Australië (het)	Австралия	[avstralija]
Azerbeidzjan (het)	Озарбойҷон	[ozarbojdʒon]
Bahama's (mv.)	Ҷазираҳои Бағам	[dʒazirahoi bagam]
Bangladesh (het)	Бангладеш	[bangladeʃ]
België (het)	Белгия	[belgija]
Bolivia (het)	Боливия	[bolivija]
Bosnië en Herzegovina (het)	Босния ва Херсеговина	[bosnija va hersegovina]
Brazilië (het)	Бразилия	[brazilija]
Bulgarije (het)	Булғористон	[bulʁoriston]
Cambodja (het)	Камбоҷа	[kambodʒa]
Canada (het)	Канада	[kanada]
Chili (het)	Чиле	[tʃile]
China (het)	Чин	[tʃin]
Colombia (het)	Колумбия	[kolumbija]
Cuba (het)	Куба	[kuba]
Cyprus (het)	Кипр	[kipr]
Denemarken (het)	Дания	[danija]
Dominicaanse Republiek (de)	Ҷумхурии Доминикан	[dʒumhuri:i dominikan]
Duitsland (het)	Олмон	[olmon]
Ecuador (het)	Эквадор	[ɛkvador]
Egypte (het)	Миср	[misr]
Engeland (het)	Англия	[anglija]
Estland (het)	Эстония	[ɛstonija]
Finland (het)	Финланд	[finland]
Frankrijk (het)	Фаронса	[faronsa]
Frans-Polynesië	Полинезияи Фаронсавӣ	[polinezijai faronsavi:]
Georgië (het)	Гурҷистон	[gurdʒiston]
Ghana (het)	Гана	[gana]
Griekenland (het)	Юнон	[junon]
Groot-Brittannië (het)	Инглистон	[ingliston]
Haïti (het)	Гаити	[gaiti]
Hongarije (het)	Маҷористон	[madʒoriston]
Ierland (het)	Ирландия	[irlandija]
IJsland (het)	Исландия	[islandija]
India (het)	Хиндустон	[hinduston]
Indonesië (het)	Индонезия	[indonezija]

Irak (het)	Ироқ	[iroq]
Iran (het)	Эрон	[ɛron]
Israël (het)	Исроил	[isroil]
Italië (het)	Итолиё	[itolijo]

100. Landen. Deel 2

Jamaica (het)	Ямайка	[jamajka]
Japan (het)	Жопун, Чопон	[ʒopun], [dʒopon]
Jordanië (het)	Урдун	[urdun]
Kazakstan (het)	Қазоқистон	[qazoqiston]
Kenia (het)	Кения	[kenija]
Kirgizië (het)	Қирғизистон	[qirʁiziston]
Koeweit (het)	Кувайт	[kuvajt]

Kroatië (het)	Хорватия	[χorvatija]
Laos (het)	Лаос	[laos]
Letland (het)	Латвия	[latvija]
Libanon (het)	Лубнон	[lubnon]
Libië (het)	Либия	[libija]
Liechtenstein (het)	Лихтенштейн	[liχtenʃtejn]
Litouwen (het)	Литва	[litva]

Luxemburg (het)	Люксембург	[ljuksemburg]
Macedonië (het)	Мақдуния	[maqdunija]
Madagaskar (het)	Мадагаскар	[madagaskar]
Maleisië (het)	Малайзия	[malajzija]
Malta (het)	Малта	[malta]
Marokko (het)	Марокаш	[marokaʃ]
Mexico (het)	Мексика	[meksika]

Moldavië (het)	Молдова	[moldova]
Monaco (het)	Монако	[monako]
Mongolië (het)	Муғулистон	[muʁuliston]
Montenegro (het)	Монтенегро	[montenegro]
Myanmar (het)	Мянма	[mjanma]
Namibië (het)	Намибия	[namibija]
Nederland (het)	Ҳоланд	[holand]

Nepal (het)	Непал	[nepal]
Nieuw-Zeeland (het)	Зеландияи Нав	[zelandijai nav]
Noord-Korea (het)	Кореяи Шимолй	[korejai ʃimoli:]
Noorwegen (het)	Норвегия	[norvegija]
Oekraïne (het)	Украйина	[ukrajina]
Oezbekistan (het)	Ӯзбакистон	[œzbakiston]
Oostenrijk (het)	Австрия	[avstrija]

101. Landen. Deel 3

Pakistan (het)	Покистон	[pokiston]
Palestijnse autonomie (de)	Фаластин	[falastin]
Panama (het)	Панама	[panama]

Paraguay (het)	Парагвай	[paragvaj]
Peru (het)	Перу	[peru]
Polen (het)	Полша, Лаҳистон	[polʃa], [lahiston]
Portugal (het)	Португалия	[portugalija]
Roemenië (het)	Руминия	[ruminija]
Rusland (het)	Россия	[rossija]
Saoedi-Arabië (het)	Арабистони Саудӣ	[arabistoni saudi:]
Schotland (het)	Шотландия	[ʃotlandija]
Senegal (het)	Сенегал	[senegal]
Servië (het)	Сербия	[serbija]
Slovenië (het)	Словения	[slovenija]
Slowakije (het)	Словакия	[slovakija]
Spanje (het)	Испониё	[isponijɔ]
Suriname (het)	Суринам	[surinam]
Syrië (het)	Сурия	[surija]
Tadzjikistan (het)	Тоҷикистон	[toʤikiston]
Taiwan (het)	Тайван	[tajvan]
Tanzania (het)	Танзания	[tanzanija]
Tasmanië (het)	Тасмания	[tasmanija]
Thailand (het)	Таиланд	[tailand]
Tsjechië (het)	Чехия	[tʃeχija]
Tunesië (het)	Тунис	[tunis]
Turkije (het)	Туркия	[turkija]
Turkmenistan (het)	Туркманистон	[turkmaniston]
Uruguay (het)	Уругвай	[urugvaj]
Vaticaanstad (de)	Вотикон	[votikon]
Venezuela (het)	Венесуэла	[venesuɛla]
Verenigde Arabische Emiraten	Иморатҳои Муттаҳидаи Араб	[imorathoi muttahidai arab]
Verenigde Staten van Amerika	Иёлоти Муттаҳидаи Америка	[ijɔloti muttahidai amerika]
Vietnam (het)	Ветнам	[vetnam]
Wit-Rusland (het)	Беларус	[belarus]
Zanzibar	Занзибар	[zanzibar]
Zuid-Afrika (het)	Африқои Ҷанубӣ	[afriqoi ʤanubi:]
Zuid-Korea (het)	Кореяи Ҷанубӣ	[korejai ʤanubi:]
Zweden (het)	Шветсия	[ʃvetsija]
Zwitserland (het)	Швейсария	[ʃvejsarija]